智元微库
OPEN MIND

成长也是一种美好

妈妈的觉醒

成为安全基地，让孩子自我管理

赵欣 著

人民邮电出版社
北京

图书在版编目（ＣＩＰ）数据

妈妈的觉醒：成为安全基地，让孩子自我管理 / 赵
欣著. -- 北京：人民邮电出版社，2024.5
ISBN 978-7-115-64000-0

Ⅰ．①妈… Ⅱ．①赵… Ⅲ．①家庭教育 Ⅳ．①G78

中国国家版本馆CIP数据核字(2024)第058450号

◆ 　著　　赵　欣
责任编辑　陈素然
责任印制　周昇亮

◆人民邮电出版社出版发行　　北京市丰台区成寿寺路11号
邮编 100164　电子邮件 315@ptpress.com.cn
网址 https://www.ptpress.com.cn
天津千鹤文化传播有限公司印刷

◆开本：880×1230　1/32
印张：9　　　　　　　　　　　2024 年 5 月第 1 版
字数：180 千字　　　　　　　2024 年 5 月天津第 1 次印刷

定　价：59.80 元
读者服务热线：（010）67630125　印装质量热线：（010）81055316
反盗版热线：（010）81055315

广告经营许可证：京东市监广登字 20170147号

前言

做有觉察的妈妈，
给孩子自由生长的空间

觉察头脑中的想法，看见自己的恐惧和脆弱

成为妈妈之后，我们和孩子每天的互动场景都是什么样的呢？今天，如果我们带着摄像头，以第三方的视角来到你的家中，看看都会发生什么。

孩子五岁了，动不动就哭，发起脾气来怎么也哄不好！

孩子上一年级了，写字速度慢，全班只有他一个人完不成作业！

孩子沉迷于电子游戏，妈妈提醒了无数次，还是停不下来！

遇到这些养育难题时，你的头脑中会冒出哪些想法和念头呢？下面这些想法相信你一定不陌生。

孩子脾气这么大，将来适应不了社会怎么办呀？

全班只有他没写完作业，老师不喜欢他怎么办呀？

孩子玩手机上瘾，自控力这么差，考不上大学可怎么办呀？

停！

我们把镜头停在这一刻，看看这些想法背后，隐藏着你怎样**的感受？相信你已经发现了：那就是深深的恐惧！你恐惧孩子不能适应社会，恐惧老师不喜欢孩子，恐惧孩子不能控制自己……**

跟随着镜头，我们再来看一下，带着这些恐惧，你会对孩子做出哪些反应。然后来听听你对孩子说了些什么。

哭哭哭！就知道哭！没完没了的，再哭下去没人喜欢你了！

全班就你一个人没写完作业，你丢不丢人啊！快点写！

都玩了两个小时了，你作业写完了没？再玩我把手机给你扔出去！

感受一下，孩子听了这些话，是会对自己感觉更好了，还是更糟糕了？他会因为你的指责、说教和吼叫就主动想变好吗？答案是：并不会。

等一下！

如果仔细辨别，你会发现：**在这些声音背后，还有一些不易觉察的声音。**

孩子一哭我就受不了，老公每天早出晚归，我一个人带孩子太累了……

全班只有他一个人没写完作业，我觉得自己不是个好妈妈……

我知道孩子玩手机不好，但是孩子不听我的，我也不知道怎么办……

我很无力，很挫败，我需要帮助……

是的，这些不易觉察的声音，就是经常会向妈妈袭来的疲惫感和无力感。

有了孩子之后，妈妈就像披上了铠甲一般"无所不能"。在问题和挑战面前，这些"铠甲"压抑了妈妈的脆弱和无力，将它们变成了对孩子的吼叫和控制。

这些下意识的自动化反应让孩子成了妈妈的情绪出口，承载着妈妈的无力、孤独、不安、焦虑、烦躁……

久而久之，孩子不再信任妈妈，并逐渐形成负向的自我认知，甚至发展出更严重的行为问题，比如排斥学习、拒绝上学，甚至和父母对抗等。

只有打破这些自动化反应，妈妈才能直面自己的恐惧和脆弱，看见真实的孩子，成为孩子的安全基地，而非压力来源之一。

穿越恐惧和脆弱，成为内心有力量的妈妈

以第三方视角时刻对自己头脑中的念头和想法保持觉察，就是本书希望妈妈们可以不断练习的、有意识的觉察状态。

保持觉察，就像给生活按下暂停键，让我们可以更加清醒地看待当下的状况，有意识地选择更有利的解决方式，而不是自动化地做出反应。

当你开始自我觉察，你就开启了自我成长之路。但这条路并不轻松，旧的模式被打破了，而新的模式还未形成，在面对问题时，你可能会有些进退两难、不知所措，甚至会陷入更深的无力感。

如果你在凌晨一点注意到孩子的房间透出亮光，你会怎么做？

你的自动化反应可能是，被自己内心的恐惧所挟持，冲进孩子的房间，一把夺走孩子的手机，然后冲着孩子大喊大叫，质问孩子这样半夜偷玩手机的行为持续多久了。你可能会逼着孩子承认错误并做出承诺……一场"亲子大战"一触即发。

如果你处于觉察状态，你可能会觉察到自己的愤怒和担忧，但你会努力克制住自己吼孩子的冲动，会敲敲门告诉孩子，这个时间应该是他睡觉的时间。之后你会找个彼此都平静的时间再和孩子心平气和地谈谈这件事。

但更多的情况可能是，你一边觉察到自己冲上头脑的愤怒，知道自己应该更平静地处理此事，一边失控地冲进孩子的房间。冲突过后，你又陷入自责和内疚，觉得自己应该和孩子好好说话而不是发脾气，对自己的行为懊恼不已，之后再次陷入深深的无力感，苛责自己。

其实，这样艰难的时刻，是一个有觉察的妈妈自我成长的必经之路。你要允许自己犯错，允许自己经历从"做不到"到"做得到"的过程。只有穿越无数个这样的时刻，你才能逐渐成长为一个内心有力量的妈妈。

那么，"穿越"是怎样一种状态呢？

你可以想象自己身处暴风雨中，恐惧的自动化反应会让你全力奔跑，希望自己可以尽快冲出去；脆弱的自动化反应会让你任由暴风雨击打，躲在一个角落瑟瑟发抖，默默祈祷着暴风雨尽快结束……

而你也可以选择直面暴风雨，就像一棵大树一样稳稳地站立在暴风雨中，既不对抗，也不妥协，只是去体验暴风雨吹打在自己脸上和身上的感觉，和暴风雨同在，直到它慢慢散去。这个过程，就是你穿越自己的恐惧和脆弱的过程。

当你稳稳地站在暴风雨中时，你就给自己按下了暂停键，在自己和当下的问题之间拉开一段距离，为自己争取了一些空间去和自己对话，这时你可以问自己以下几个问题。

发生了什么事？为什么这件事我会这么在意？

孩子怎么了？他的行为是在向我表达什么呢？

他此刻有什么情绪和感受？他有什么需求？

我所采取的处理方式有助于巩固我们之间的亲子关系吗？

这个问题在五年之后我还会这么在意吗？

……

当你敢于直面自我、真实地面对自己的脆弱时，你会感受到自己的内在力量在不断生发出来。面对挑战你会更松弛，也更加能够拥抱各种不确定性。

慢慢地，你会注意到自己吼叫的频率减少了，强度也降低了。你觉察的速度也会变快，逐步**从后知后觉，调整为当知当觉**。

养育孩子的过程，就是借助孩子重新认识自己、疗愈自己的过程。每一次吼叫、每一次亲子冲突、每一个想法和念头，都可以成为你觉察自己、穿越恐惧和脆弱的入口。

做有觉察力的妈妈，成为孩子的安全基地

让我们以终为始地看，你希望培养一个什么样的孩子呢？

你希望孩子如何看待自己、如何看待冲突？

当孩子遇到问题和挑战时，你希望孩子如何应对？

当孩子遭遇困境、挫折和压力时，你希望孩子如何化解？

你希望孩子如何看待自己的学习成绩？

你希望孩子如何与自己的兄弟姐妹相处？

……

现实情况是，作为妈妈的你如何看待和回应这些问题，将对你的孩子如何看待和回应这些问题产生巨大影响。

孩子最初就是通过父母的眼睛看见自己的。我们如今看待和回应这些问题的方式，也正源自我们自己小时候被养大的方式。"依恋理论之父"约翰·鲍尔比（John Bowlby）提出了"安全基地"的概念，他认为，安全基地是个体发挥最佳功能和维持心理健康的必备条件。称职的父母能够为孩子提供一个安全基地，让孩子安心探索外面的世界。

让我们来看一下，这样的代际循环是如何形成的——

小时候我们犯了错，如果父母的反应是批评和指责，我们就会产生这样的信念：犯错是不好的，是不能被原谅的。于是成年后，我们仍然会用批评和指责的方式来回应自己的错误，对自己有很高的要求，不允许自己犯错，始终活在充满压力的紧绷状态中，自我消耗。

后来，我们成为妈妈，孩子犯了错，会激活我们自己在童年犯错时没有出口的情绪。我们会启动自动化反应，采用同样的方式对待孩子的错误，即批评和指责。于是，孩子对错误形成了同样的信念：孩子也学会了苛责自己，不允许自己犯错。

如此循环往复。

而觉醒的妈妈，可以打破这样的代际循环。

觉醒的妈妈可以为自己的人生负责，不再让自己在亲子关系中纠缠和消耗，可以把松弛感带给孩子，成为孩子的安全基地。与这样的养育者生活在一起并建立深度关系的孩子，就会有足够的心理能量向外探索。

他们更愿意接受挑战，探索人生的更多可能性；

遇到困难时，他们能灵活地解决问题并寻求支持；

犯错时，他们更容易自我反思，并愿意尝试更多。

他们不害怕失败，因为他们知道，无论自己经历了什么，总有那么一个地方无条件地接纳自己、为自己敞开。有了安全基地的孩子，就有了"进可攻，退可守"的勇气和底气，更容易发展为一个能自我反思、自我管理的人。

本书分为上下篇两个部分来帮助妈妈自我觉醒。

上篇是向内觉察：停止自动化反应，做内核稳定的妈妈。

如果我们经常忍不住对孩子控制、说教，甚至恶语相向，这说明，我们在带着自己的情绪课题和限制性思维养育孩子，并且因为缺乏支持而疲惫不堪；孩子的挑战行为触发了我们内在的恐

惧和童年创伤，引发了我们的自动化反应。在这种情况下，妈妈
对孩子抓得越紧，孩子越不能自我管理。

· 这时，妈妈最需要的是自我成长，觉察自己下意识的自动化
反应，摆脱潜意识的影响，并主动寻求帮助，逐步成长为内核稳
定的妈妈。只有这样，妈妈才能成为孩子的安全基地，孩子也才
有自由生长的空间。

**下篇是放下控制：进入觉察状态，培养善于自我反思、自我
管理的孩子。**

当我们开始对自动化反应保持觉察，我们就可以在具体的养
育场景中学会暂停，一个一个地拆开自己隐藏的"情绪炸药包"，
疗愈自己的隐形伤痛。这时，孩子也有了自我反思、向上生长的
空间。当我们进入觉察状态后，我们才能给予孩子适当的支持，
引导孩子自我管理。

其实，叛逆的孩子，只是想长大；有情绪的孩子，只是需要
帮助了。每一个挑战行为背后，都有一个正向意图；而良好的习
惯，才是自控力的根本来源。只有感受到父母发自内心的接纳，
孩子才能更好地实现突破和成长。

**妈妈要学会课题分离，承认孩子的人生是他自己的，在养育
中做到有步骤地放手，孩子才能自我管理。**

把责任交还给孩子；允许孩子犯错并在错误中成长；支持孩
子的社交和学习；教给孩子成长所需的技能并陪孩子一起练

习……只有这样，孩子才能成长为一个有觉察力、善于自我反思和自我管理的人。

经过持续不断的觉察练习，我们就可以进入这样一种亲子状态——

妈妈可以看见自己，不吝于向孩子展示自己的真实想法，和孩子保持双向沟通；同时，妈妈也可以看见孩子，从孩子的视角看待问题，能够和自己的失控感好好相处，逐步放下控制，与孩子一起成长。

孩子可以从妈妈身上习得自我觉察和反思的能力。得到了更多的尊重和看见，孩子会更有安全感，敢于探索也敢于犯错，对自己和他人的情绪有所感知，也更敢于表达自己。拥有更多自由的孩子反而更加自律、更会自我管理。

所以，每一个"挑战时刻"，都可以成为发展孩子的自我觉察和反思能力的"成长时刻"，这取决于父母如何回应。

我们无法陪伴孩子一生，更无法替代孩子经历成长中的各种问题和挑战，但我们可以在亲子互动的过程中，通过持续不断的自我觉察和反思，成为孩子的榜样，帮助孩子发展出适应未来生活的能力。

这样，无论孩子在生命中经历了什么样的困境，他们都可以依靠自己的力量去迎接挑战、穿越困境，活成自己想成为的样子。**最好的教育，就是支持孩子成为他自己。**

正如纪伯伦在《先知》[①]一书中所言："你们的孩子，其实不是你们的孩子，他们是生命对于自身渴望而诞生的孩子。他们借助你们来到这世界，却并非因你们而来。你们能给予孩子你们的爱，而不是输入你们的思想。因为他们有自己的思想。"

心理学家曾奇峰老师说过，一个妈妈越能够面对和接纳她逐步被抛弃的、失败的命运，就越能做一个好妈妈。孩子是与父母不同的个体，是来唤醒你，让你看见自己、觉察自己、重新"养育"自己的。

只有当妈妈逐渐放下控制、把空间留给孩子时，孩子才会自由生长，并学会自我管理。妈妈学会爱自己，才能更好地爱孩子。而孩子在有了妈妈这个安全基地后，也会更自主、更自律。

本书每一节的最后，都设置了对应的觉察问题，你可以针对这些问题，通过自由书写的方式帮助自己进行深度觉察和自我梳理，启动内在的觉醒。

我收到了很多妈妈的积极反馈，通过这些觉察问题，她们开始看到自己行为背后的需求，直面自己内心的恐惧。她们不再过分关注孩子当下的行为表现，而是更加放松地看见孩子，让亲子沟通更加顺畅，并逐步放手。

她们说，当自己真的愿意放下控制和说教，真心和孩子站在一起时，孩子反而越来越自觉，给她们带来了惊喜。

---

① 纪伯伦. 先知 [M]. 蔡伟良，译. 北京：中信出版社，2021.

这些反馈给了我非常多的鼓舞。如果你也希望成为一名觉醒的妈妈，希望在孩子的成长路上给他更多的支持，相信这本书一定会给你很多的启发。也欢迎你关注我的公众号"妈妈力"，和更多的妈妈一起交流，共同成长。

目录

下篇

**放下控制：
进入觉察状态，培养善于自我反思、
自我管理的孩子**

上篇

向内觉察：
停止自动化反应，
做内核稳定的妈妈

第一章

妈妈的自我成长：
做自己的情绪功课

停止吼叫:
怎样打破"吼孩子"的恶性循环

打开这本书的每一位妈妈,如果你曾经因为吼孩子而后悔甚至自责,相信这本书会为你"松绑"。因为几乎所有妈妈都对孩子发过脾气,我也一样。

成为新手妈妈那几年,因为孩子不吃饭、不睡觉而吼叫;

孩子上了幼儿园,因为他不好好收拾玩具、上幼儿园哭闹、爱发脾气而吼叫;

孩子上了小学,因为他写作业和学习的问题而吼叫;

孩子到了青春期,则因为孩子作息不规律、沉迷于电子产品而吼叫……

这些场景每天都会在很多家庭中上演,这些行为是妈妈吼叫的导火索。但如果仔细观察,你就能看到这些挑战背后相似的运作模式。

某件事情激发了妈妈的情绪,妈妈被一时的情绪控制,下意识地对孩子大吼大叫。等平静下来之后,妈妈才能站在孩子的角度理解孩子的处境,但下次往往还是忍不住吼叫,于是陷入恶性循环。

吼叫源自妈妈未被满足的需要

我们可以回顾一下，自己通常是在什么情况下吼孩子的？

可能是因为孩子不听话，或者同样的事情说了好多次，但孩子还是听不进去。

如果只是从孩子的角度找原因，我们只会想到怎样解决问题，或者如何纠正孩子的行为，使其符合我们的期待，但这样往往是行不通的。

在阅读这本书时，我们来换个角度，从妈妈自己的角度向内看一下：**在吼孩子的那个当下，我的内在发生了什么？我有着什么样的情绪感受？**

我们的每一种情绪背后都隐藏着未被满足的需要，当这个需要被忽视和压抑时，就会以更激烈的表达方式释放出来。

这也是为什么，妈妈总是忍不住吼叫，经常被称为"家里脾气最大的人"——妈妈也是最容易忽略自己需要的那个人。

《非暴力沟通亲子篇》[①]**一书中提到，感受是需要的信使。**当你的需要被满足时，你会感受到快乐、兴奋、满足、自信；而当你的某些需要没有被满足时，你会感受到愤怒、担忧、沮丧、无力。

我们可以从"自我倾听"开始，来读懂感受背后所传递的信息。

---

① 苏拉·哈特，维多利亚·霍德森. 非暴力沟通亲子篇 [M]. 李红燕，译. 北京：华夏出版社，2015.

自我倾听意味着，我们要养成一种经常自我觉察和自我审视的习惯，就像通过摄像头看着自己身上正在发生的一切，关注自己的感受和需要。

当我们这样做时，我们就满足了自我看见和自我联结的内在需要，从而能够更放松地看待当下的问题、更松弛地理解孩子。

那么，该如何自我倾听呢？可以按照以下格式，通过填写自我觉察记录卡[①]的方式来进行。

自我觉察记录卡	
日期：	
场景/观察：	
我的感受：	
我的需要：	
对自己或他人的请求：	

[①] 整理自《非暴力沟通亲子篇》。——作者注

具体步骤如下。

用记录卡的格式来梳理一个场景，可以针对某个你暂时没有做好的挑战，比如你忍不住对孩子发了脾气，也可以针对某个成功事件进行自我探索。

第一步：写下事情发生时的场景，以及你的观察。这个观察一定是不带评判的观察，通常指的是可观察到的事实或行为，就好像是通过摄像头看到的一样，比如你看到了什么、听到了什么。

不带评判的观察通常也被称为"白描"。可以使用这样的句式：我听到 / 我看到 / 我记得 / 我注意到_____。

例如：

我觉得他不负责任。（评判）

我回家的时候，看到他正躺在沙发上看手机。（不带评判的观察）

第二步：体会一下自己当时的感受。正是这个感受驱动着我们做出一系列行为，这一步意味着思维的变化——我们从关注事情开始转向关注心情，从关注行为转向关注感受。

妈妈太容易忽略自己的感受。我在父母课堂上问大家：对于这件事情，你的感受是什么？大家的回答通常是自己的想法，而不是感受。

想法是存在于头脑中的，它可能是一个观点、念头或评价，而感受是身体的感知。

例如：

我觉得他应该主动承担一些家务。（想法）

我感觉很生气、很受伤。（感受）

感受通常是一个词语。如果你无法辨别自己的感受，可以对照感受清单进行刻意练习，培养自己识别感受的能力。**感受自己的感受，是自我倾听和自我联结的开始。**

第三步：**对照感受／需要清单（见表 1-1），探索自己没有被满足的需要。这一步是在让自己的感受和需要建立联系。**可以使用这个句式：我感到＿＿，因为我需要＿＿＿。

例如：

我感到生气，因为我需要你和我一起承担家庭责任。

我感到非常满足，因为我写的书帮到了很多妈妈。

表 1-1　感受／需要清单

感受清单	需要清单
高兴、开心、欣喜、愉快	团体活动、朋友、归属感
悲伤、不高兴、失望、孤单	玩耍、乐趣
愤怒、生气、暴怒、心烦意乱	休息、放松
好奇、感兴趣	被倾听、被理解
感谢、感激	理解他人、倾听
好玩、有活力	理解自己、自我体贴
担心、紧张	能力、技能、才能

（续表）

感受清单	需要清单
平和、满意、满足、平静、放松	学习、探索、发现
恐惧、担心、害怕	选择、自主、自由
兴奋、热情、精力充沛、渴望	自我表达、创造性
迷惑、困惑、糊涂、不确定	安全感、信任感
惊讶、震惊	给予、分享
友好、爱、温柔、温暖	帮助、支持
挫败	尊重、有影响力、被关心

注意，这个清单只涉及我们的一部分感受和需要，你可以结合自己的经历不断丰富这个清单。

第四步：提出一个"可执行"的请求来满足自己的需要。这个请求可以是面向自己的，也可以是面向他人的。

但我们要为自己的需要负责，而不是只期待他人来满足自己。所以，当这个请求面向他人时，我们也要做好被拒绝的准备，否则请求就变成了要求。

例如：

今天和老公吵了一架，我记得自己对他说了很难听的话。

我感觉很疲惫，也有些后悔，因为我已经连续几周没有睡个囫囵觉了，此刻和老公的联结也断裂了。

我希望每周能有半天的休息时间，希望这半天老公可以来照看孩子。

今天我对儿子发了很大的脾气。

我感觉很沮丧，也很挫败，因为我没有和孩子建立联结，也没有被理解和尊重。

我希望自己可以暂停下来，缓解一下情绪再去和儿子修复关系。

当你持续不断地做自我倾听的练习时，你会对自己吼叫的运作模式更加清晰，看到吼叫背后的需求，找到吼叫的"触发器"。

有意识地满足自己的需要，你会越来越能够活在当下，做出更加有利于和孩子联结的选择，从而代替下意识的回应方式，打破吼孩子的恶性循环。

吼叫会对孩子造成伤害吗

吼叫的直接后果就是影响孩子的心情。如果你在孩子写作业时吼叫了，孩子带着负面情绪就无法专注地学习；如果你在早上孩子上学前吼叫了，孩子上学的状态就会受到影响……久而久之，孩子始终带着负面情绪，也会对学习和上学产生负面感受。

持续吼叫还会破坏亲子关系，影响孩子对自己、对世界的看法，以及对父母的信任感。心理学家默娜·B. 舒尔（Myrna B.Shure）认为，**如果父母的管教方式是呵斥和命令，孩子就很容**

易在心理和言辞上表现出攻击性。这些孩子将很难学会积极的社交方式，比如轮流参与和同理心。

同时，你还要特别注意的是，如果经常吼孩子，你可能会在孩子进入青春期时面临更大的挑战，经常吼叫的养育方式甚至会影响孩子的情商和适应社会的能力。

父母对孩子的影响是潜移默化的。总是吼孩子的父母，很容易培养出一个遇事情绪化的孩子。时间久了，还会发展为两个极端。

一个极端是孩子变得畏首畏尾，不再敢于表达自己，遇事逆来顺受，父母说什么就是什么，逐步失去自己的主见，形成自我封闭的心理。另一个极端就是孩子开始产生逆反心理，会习惯性地反抗父母，对吼叫"免疫"，听不进去父母说的任何话，甚至会"为了反抗而反抗"。

另外，吼叫还会影响孩子的大脑。

《父母平和　孩子快乐》^①一书的作者劳拉·马卡姆博士（Dr. Laura Markham）认为，家长长期对子女吼叫，会对子女的大脑和精神产生一种消极影响，带来双重压力。她说，虽然大吼大叫的父母并没有毁掉孩子的大脑，但他们正在改变孩子的大脑。

当然，并不是说你对孩子吼叫一次就会带来这样的严重影响。

---

① 劳拉·马卡姆. 父母平和　孩子快乐 [M]. 刘海青，译. 上海：上海社会科学院出版社，2014.

如果你因为曾经吼叫孩子而产生了内疚感，正在进行自我苛责，以下两点提示或许会对你有帮助。

第一，你要看到，自己虽然会对孩子吼叫，但大部分时间里你仍然可以平和地对待孩子。把这些平和对话的时刻记录下来，有助于你在偶尔吼叫之后，减少自我苛责。

第二，你要对自己的状态保持觉察，在吼叫的当下能够及时地给自己按下暂停键，事后通过自我觉察记录卡进行梳理，并逐步减少吼叫的频率和强度。

重要的是，吼完之后要做什么

在我带领的亲子游戏治疗课程中有一个"大拇指原则"：**重要的不是你做了什么，而是你在做了什么之后又做了什么。**

吼叫并不可怕，重要的是，要在事后及时修复关系。所以，我们怎样处理自己的吼叫，才是关键所在。

首先，要诚恳地向孩子道歉，承认自己的错误。

对不起宝贝，妈妈刚才没忍住，对你大吼大叫了，这并不是你的错。

其次，要和孩子一起回顾刚才发生了什么，并表达自己的感受。这一步可以参考自我觉察记录卡。

妈妈下班回到家，看到你八点还没开始写作业。

我感觉有些着急，也很生气，因为我工作了一天有点累，希望能够早点休息，而且我们也没有时间一起玩游戏了。

我希望你每天都可以在八点前完成学校作业。

最后，要和孩子一起讨论：下次遇到类似的问题，可以怎么做？

你觉得怎样做才能保证在八点前完成作业呢？

你需要妈妈怎么提醒你呢？

当我们这样做时，也是在给孩子示范：**犯错不可怕，我们可以承担责任，并从中有所收获。**

读到这里，你可能会因为自己过去的吼叫而自责，但请相信我，这样的自责并不会带来真正的改变。

相反，你需要放下自责，按照前文提到的方法，花时间进行自我倾听，并及时和孩子修复关系。

如果你过去的吼叫已经对孩子产生了影响，也可以从现在开始调整自己。《游戏力：随时随地激活孩子天性中的合作与勇气》[①]的作者，心理学家劳伦斯·J.科恩（Lawrence J. Cohen）说过，所有的创伤都可以被疗愈。

---

① 劳伦斯·J.科恩. 游戏力：随时随地激活孩子天性中的合作与勇气 [M]. 李岩，译. 北京：军事谊文出版社，2011.

👁 觉察日记

　　1. 你经常会因为什么事情吼孩子？梳理一下自己容易情绪失控的场景。

　　2. 用"自我觉察记录卡"进行一次自我倾听练习，找到自己吼叫背后的需要，并想想看，可以做些什么来满足自己的需要。

穿越情绪：
你为什么受不了孩子哭闹、发脾气

一位妈妈告诉我，她的孩子上幼儿园两周了，每天半夜都会哭醒；她白天也不敢提幼儿园这几个字，否则孩子就哭个没完，自己已经快被搞崩溃了。

她问我："有什么办法可以引导一下孩子呀？"

我告诉她，每个孩子对幼儿园的适应情况不同，有的孩子适应得很快，有的孩子却需要更长时间。当你真正接纳孩子需要更长时间适应幼儿园这件事时，你就能够接纳孩子的情绪了。孩子的情绪被看见、得以流淌出来，孩子自然就能接受上幼儿园这件事了。

她恍然大悟。

在遇到养育挑战时，绝大多数父母的第一反应是解决问题，但并不是所有问题都是可以被解决的。

比如：孩子考试失利，你无法要求他重考；孩子被拒绝了，你无法左右别人的决定；孩子因为身高问题受挫，你无法马上改变孩子的身高……

有时候，你始终把关注点放在解决事情上，反而会让事情变得更加糟糕。

比如：孩子被打了，你逼着孩子打回去，只会让他更没自信；孩子因为害怕而不敢下水游泳，强迫孩子下水只会让他对水更加恐惧；你催着孩子写作业，总是纠正孩子的错误，他会更加讨厌学习；你只限制孩子玩手机的时间，而不管其他事，会让他更加沉迷于手机……

比解决问题更重要的是关注情绪

父母要看到这些问题背后的孩子的情绪。

这些问题只是孩子内在情绪的外在反应，父母只有看到孩子的情绪、接住孩子的情绪，问题才能得到解决。

比如：孩子被打了，他会觉得害怕和委屈；不敢下水的恐惧会让孩子退缩；面对作业，孩子可能会有压力或畏难情绪；玩手机的孩子，可能只是需要释放压力，或者通过手机满足自己的社交需求……

孩子的外在反应与大脑的结构和功能有关。

著名脑科学专家和心理学家丹尼尔·J.西格尔（Daniel J. Siegel）和蒂娜·佩恩·布赖森（Tina Payne Bryson）在《全脑教养法》①一书中提到，我们的大脑分为上层脑和下层脑。下层脑负责基本功能（呼吸、眨眼）、与生俱来的反应和冲动（打斗、躲避）以及强烈的情感（愤怒、恐惧）；上层脑则负责更为复杂的心理功能，比如调节自己的情绪、理性评估、换位思考、自我控制、做出明智决策等。

下层脑比较原始，在一个人出生时就已经发育完成，而上层脑要到20多岁才能完全发育成熟。所以，期待一个几岁的孩子能够完全理性地面对问题，是不合理的。

此外，上下层脑之间有一道"安全门"叫作杏仁核。杏仁核的作用是快速处理和表达情绪，尤其是愤怒和恐惧这两种情绪。一旦孩子遇到"危险"，杏仁核就会快速拉响警报，接管并解除上层脑的功能，这就是为什么孩子在遇到问题时会有强烈的情绪反应。

此时，和孩子讲道理是没用的，因为孩子的上层脑并没有在发挥作用，只有让孩子放松下来，才能启动其上层脑的功能。

所以，如果你把养育的重点放在关注情绪上，绝大多数养育挑战就会迎刃而解。

---

① 丹尼尔·J.西格尔，蒂娜·佩恩·布赖森. 全脑教养法 [M]. 邢子凯，译. 杭州：浙江科学技术出版社，2023.

但对父母来说，关注情绪是很不容易的，主要有以下几个原因。

第一，父母自己对情绪是不敏感的。他们小时候也没有上过"关注情绪"这一课，所以在面对孩子时，也很难看到孩子的情绪。

第二，父母对孩子的情绪不耐受。因为受不了孩子的情绪，所以他们急于"解救"孩子，或者试图通过解决问题来消除孩子的情绪。

第三，父母对情绪有错误的认知。他们倾向于认为有情绪是不好的，比如孩子不应该害怕，事情没什么大不了的。他们没有站在孩子的角度理解孩子。

第四，父母做不到接纳孩子的情绪。很多父母经过学习，知道孩子有情绪是正常的，但在遇到问题的当下还是无法接纳孩子的情绪。因为他们自己也未曾体验过情绪被接纳的感受，所以无法把这种感受带给孩子。

那么，让我们从今天开始，和孩子一起补上关注情绪这一课。我们以一个具体场景为例，说明一下在遇到养育挑战时，可以怎样进行情绪梳理。

首先选取一个挑战场景，它可以是过去发生的，也可以是刚刚发生的。可以根据以下三个步骤进行梳理。

比如，孩子参加比赛被淘汰了，哭得很伤心。

很多父母的第一反应是"安慰"孩子："没事，你已经做得很好了，咱们下次再来。"结果孩子哭得更伤心了，甚至开始发脾气。你非常不理解：我没有批评孩子呀，他怎么会发那么大脾气？

第一步：深呼吸，问问自己，面对这件事，我有着哪些情绪？ 这一步也是在安抚我们自己的下层脑，从而重新启动上层脑，避免自动化反应。

我其实有点失望，也替孩子感到遗憾；

看到孩子哭了，我很心疼孩子，还有点不知所措；

孩子发脾气了，我觉得有点烦躁，还有点生气；

依稀感觉到，还有一些自责。

第二步：问问自己，每一种情绪对自己意味着什么，说明自己在意什么？记住，这一步的重点是——对自己真实！

我感到失望是因为，既然来参加比赛了，还是希望孩子拿名次的；

心疼孩子哭得那么伤心，他练习了那么久却被淘汰了，确实挺可惜的；

不知道该怎样安慰孩子，所以有些不知所措；

感到遗憾是因为，孩子只是开头的部分没发挥好，后面都挺好的；

感到烦躁和生气是因为，孩子被淘汰了就哭个没完，他的抗挫折能力也太差了；

感到自责是因为，如果练习的时候对他要求严格一点，孩子的表现会不会更好？

还有点尴尬，周围这么多人看着呢……

这样梳理下来，居然有这么多种复杂的情绪，而带着这些情绪，我们自然很难对当下的问题做出理性评估，更无法真正"看见"孩子。经过梳理，情绪被看见、得以流淌出来，我们再去看见孩子的情绪就更容易了。

第三步：再次回到事件本身，试着理解一下，孩子在那个当下有哪些情绪？这些情绪背后在诉说着什么？

（孩子的视角）

我很难过，也有些懊恼和自责，我多么希望自己可以站在领奖台上啊，希望自己这段时间的努力能得到肯定。

我还很羡慕，和我一起练习的同学拿了奖，看起来可光鲜了。

我觉得很委屈，明明我练习的时候特别认真，今天就是没发挥好。

我已经很伤心了，妈妈还说"没事"！怎么会没事，明明就是有事！妈妈一点也不理解我，我很生气！

一开始做这样的练习可能会有些困难，还会花费很长时间。

坚持有意识地多进行练习，提高自己对情绪的敏感度，我们就可以逐步做到：**在问题出现的当下克制自己的"解救欲"，接纳孩子的情绪，给孩子一些空间，也给情绪多一些流淌的时间。**

这时，我们只需要用简单的语言回应孩子。

好难过呀……

我知道……

妈妈陪你待一会儿吧……

妈妈在，我陪着你……

此时，再多的语言都是苍白的。对孩子来说，重要的是，无论他此刻的感受是怎样的，妈妈都是愿意陪着他的。

允许孩子体验自己真实的情绪，同时也是在传递给孩子一种信任，相信他可以应对这些情绪。当孩子的情绪流淌出来时，他会生发出内在的智慧和力量去应对挑战。

所以，**比解决问题更重要的，是关注孩子的情绪。**

怎样面对自己的强烈情绪

你可能会说：在问题出现的当下，我自己的情绪都非常强烈，我怎么能看见孩子的情绪呢？

面对自己的强烈情绪，我们需要练习和自己的情绪待在一起。

如同穿越一场情绪风暴，我们需要在情绪的暴风雨中稳定前行，既不被情绪淹没，也不和情绪对抗，而是始终做到允许和陪伴，直到暴风雨散去。

情绪风暴逐渐散去的过程，就是情绪释放的过程，这个过程需要时间。

你可以回想一下，当你有强烈情绪时，通常会有怎样的反应？

大吼大叫往往会伤人伤己、破坏关系、形成恶性循环，是不健康的释放方式。我们需要找到一种更健康的释放方式。

记住，**在情绪面前，你永远都是有选择的**：是继续维持之前的负向循环，还是打破原有的模式并做出改变，完全取决于你。

选择前者，即不带任何觉察地让情绪直接爆发，是非常容易的；而选择后者更加困难，需要我们持续不断地觉察和反思自己，做情绪方面的功课。

那么，该怎样打破原有的模式，做出新的选择呢？**一旦你觉察到自己有情绪了，首先要做的是积极暂停。**

下面有四个方法可以帮到你。

1. 深呼吸，关注自己的身体感受。当我们能够暂停下来专注呼吸时，我们的情绪就会得到缓解。

2. 用冷水洗脸，让自己冷静下来。负责情绪部分的大脑区域得到了安抚，负责理性部分的大脑区域就会被激活。

3. 让你的身体动起来或者就地平躺。也就是让身体做出变化，这也是激活不同大脑区域的一种方式。

4. 打开更多的感官。比如，让自己在房间里找三样红色的东西，或者仔细辨别三种不同的声音。

当你能够让自己积极暂停，开始启动不同的大脑区域时，你的情绪就得到了平复。

如果仔细体会，你可以感受到情绪从强烈到平和的变化过程，这是健康的情绪释放方式。

这个过程描述起来只需要寥寥数语，但真正做到并不容易。情绪问题的难点就在于你知道了却做不到。在情绪出现的当下，你很想停下来却停不下来，这是因为，改变通常有三个层面。

第一个层面是行为上的改变。由发脾气、吼叫变为通过以上四个方法积极暂停，这只是一种行为上的改变。

这种改变有可能在短期内奏效，也有可能很快失效，这取决于你当时情绪的强烈程度，以及你的自我觉察程度。

行为上的改变可以给孩子做出示范，同时可以避免你情绪失控可能带来的伤害。

如果在情绪出现的当下，妈妈觉察到了它，并且能用一些健康的方式让自己平复下来，孩子就能从中学到面对自己的强烈情绪的方法。

第二个层面是找到一种和情绪好好相处的感觉。当情绪到来时，不必急着推开它，也不必急着通过什么方式改变它，而要去感受它。

即使这种情绪让你非常痛苦，你也要愿意尝试去和这种情绪共处。就像关注呼吸一样关注自己的情绪，以及情绪带来的身体变化。

比如，当你紧张时，你会手心出汗、心跳加速，呼吸节奏也会有变化。当你感知到这些时，你就开启了和情绪共处的状态。

如果你想大哭，就允许自己哭出来吧。你哭泣的时候，也是在允许情绪进行流动和释放。

当你可以和情绪好好相处时，你就回到了那个当下。你觉察到了自己的情绪状态，开始尝试让自己的情绪自然流淌，而不是急着用行为去制止它。

渐渐地，你会发现，你对孩子情绪的承载能力增强了。

当我们能够觉察并可以承载自己的情绪时，我们对孩子或另一半，甚至对任何人的情绪的承载能力都会增强。

第三个层面是看到这种强烈情绪背后的行为模式、价值观和信念。 为什么这件事情对你来说那么重要，会引发你的强烈情绪？它对你来说意味着什么？

同样的事件，不同的人去看待和经历时，产生的情绪是不同的。即使是同一种情绪，不同的人感受到的强烈程度也是完全不同的。

这是因为，在每种强烈情绪的背后，都隐藏着我们的某些固定的思维模式，以及我们看待世界、看待自己、看待其他人的方式。

有时候，这些模式会成为我们的限制性信念，就像背景音乐一样在潜意识中控制着我们，让我们做出下意识的反应，比如吼叫。

在本书的第二章中，我会和你一起探索这些限制性信念在潜意识中对我们的影响。

持续做情绪功课的方法

随着孩子年龄的增长，我们面临的挑战与日俱增。

这些挑战就像导火索一样，不断引爆我们身上的"情绪炸药包"。这些"情绪炸药包"根植于我们童年的成长经历，它们和孩子当下带给我们的挑战缠绕在一起，让我们始终无法清醒地面对孩子。

从孩子婴儿期的吃喝拉撒睡，到幼儿期的分离焦虑、规则问题，再到学龄期的学习问题、社交冲突、电子屏幕问题，以及青春期的沟通问题……养育挑战几乎每天都在发生，让父母应接不暇。

父母每天的生活就像开车时踩着油门踏板一样，一直在高速前进；而做情绪功课就像给生活踩了一下刹车踏板。**花时间梳理情绪，把自己的情绪和孩子的情绪剥离开，是比解决问题更重要的事。**

持续地做情绪功课，就像拆除一个个"情绪炸药包"的过程。这个过程极其漫长，甚至会贯穿养育过程的每一天。

孩子的成长阶段不同，父母情绪功课的重点也会不同。所以，父母需要找到适合自己的做情绪功课的方式。

在日常生活中，我比较推荐两种做情绪功课的方式。

第一种是自由书写。前文提到过，改变的第三个层面是看到自己强烈情绪背后的行为模式、价值观和信念，它们都隐藏在我们的潜意识里。

心理治疗的过程是将潜意识意识化的过程。通过自由书写，潜意识能够自由流动，不断发掘我们过去的经历，重新打开深层的记忆，让那些深藏的情绪流动出来，这也是一个将潜意识不断意识化的过程。

在这个过程中，我们内在的冲突不断浮现出来，这便是自我疗愈的开始。

自由书写有很多种方式，比如写正念日记。**正念就是不加评判地关注自己当下的经历。**你可以安排一个能够静心的、不被打扰的时段，不需要思考，也不需要在意对错，任由文字在笔尖流淌。

开始之前，调整自己坐在椅子上的位置，深呼吸几次，使自己安住当下。

感受后背靠在椅背上的感觉，感受双脚踩在地上的感觉，以及手握着笔的感觉。

识别自己当下的心理状态，是兴奋的、烦躁的、恐惧的、焦虑的，还是充满期待的？不需要做出任何调整，只需要注意到它就好。

然后花几分钟时间，正念地书写当下的体验。

如果你愿意的话，可以在每天早上和晚上各花五分钟（或者更长的）时间书写正念日记。

除了正念日记，还有以下三种自由书写的方法。

1.结合"自我觉察记录卡"，在挑战场景过后，按照观察—感受—需求—请求的方式进行自我倾听梳理；

2.借助心理学卡片，比如潜意识投射卡，按照"我看到了……我感受到了……我联想到了……"这样的顺序一直写下去；

3.不借助任何工具，只是自由联想，想到什么就写什么。

自由书写的过程，也是自我疗愈的过程。一次次的自由书写，就像给自己做心理咨询一样，让深层情绪随之自然流淌，也让你可以更加平和地看待当下的挑战。

第二种是倾听练习。你需要找一个倾听伙伴，按照固定的频率进行倾听练习。通过不被评判的自由倾诉，情绪同样可以自然流淌。

倾听练习需要遵循以下几条基本原则。

1. 两人结成倾听伙伴关系（最好是其他同频父母，你们之间不要有过密的社交关系，比如不要是闺蜜或夫妻，因为诉说过程中难免会涉及与他们相关的话题，容易引起冲突）。

2. 用计时器计时，两个人轮流倾听对方，时长同等。一开始可以是每人五分钟，一段时间后可以逐渐增加时长。

3. 说者自由表达（不需要考虑对错和逻辑）。

4. 听者全身心聆听（不打断、不评价、不建议）。

5. 结束后只表达感谢，不需要讨论。

👁 觉察日记

　　1. 回顾一下，当你有强烈情绪时，你的自动化反应是什么？下次可以从哪一步开始做出调整？

　　2. 针对某种强烈情绪进行一次自由书写，你对自己有什么发现？

自我养育：
借由孩子，疗愈自己的童年创伤

在养育过程中，你是否曾因孩子遇到某个挑战而痛苦不堪，就好像被什么东西控制住了一样无法理性思考，任由自己做出下意识的反应？这些反应可能是对孩子吼叫、指责、强迫、惩罚或打骂。

比如，孩子哭闹不想去幼儿园；孩子因交不到朋友而闷闷不乐；老师因为孩子成绩不好而找你谈话；孩子在学校和其他同学发生冲突……

这些原本是孩子成长过程中再正常不过的挑战，却让你苦不堪言，好像你感受到的痛苦比孩子还要强烈百倍，有时孩子已经不在意了，你却始终放不下。

有时你会受不了孩子哭，看不得两个孩子争吵，对孩子做不到某件事耿耿于怀，或对孩子必须做到某件事过分执着和在意……

其实，在这些下意识的反应背后，隐藏着我们自己的童年创伤，或者过去未解开的心结。当下的情景激活了我们对童年某些经历的记忆，让那些伤口重见天日，我们再次体验到了自己童年时期被压抑的情绪。

正是这些童年时期未完全释放的情绪驱动着我们对当下的情景做出自动化反应，这些反应通常是我们小时候父母回应我们的方式，而非我们真正希望给孩子的反应。

自动化反应背后的驱动力

儿子一岁多时，我经常会逼迫他刷牙，"刷牙大战"每天都在上演；

儿子上幼儿园时，我经常忍不住催促他去和其他小朋友一起玩；

儿子上小学后，一看到他闲下来我就忍不住提醒他去写作业；

如果他晚上超过 9:00 不睡觉，我就会烦躁不安，忍不住催促他；

如果他因为什么事情大哭，我就想让他赶紧停下来……

随着不断地学习和成长，我意识到，我的这些自动化反应都和自己内心的恐惧有关。当我们感到恐惧时，会用自动化反应来掩饰它，而这些反应通常是自我怀疑或怀疑他人，以及自我要求或要求他人。

所以，我们挑剔自己或他人的时刻，往往正是我们被自己内心的恐惧控制的时刻。孩子的某些行为表现，特别容易唤醒我们内心的恐惧。

回想一下，老师曾给你打电话细数孩子最近在学校的表现：注意力不集中、和同学起冲突、跟不上课堂节奏、给班级拖后腿……这时，你的愤怒、焦虑、恐慌、自责、无力，甚至是羞耻感油然而生……

这些情绪背后，都是我们深深的恐惧。当我们被恐惧挟持时，我们根本无法清醒地面对孩子，甚至会做出对孩子造成伤害的行为。

我把这些不易觉察的内在恐惧做了总结，用三种句式来帮助你理解它们。

第一种：只有……才……

孩子只有学习好，才会有好的未来。

只有朋友很多，孩子才是受欢迎的。

只有孩子聪明大方、有礼貌，才能证明我教子有方、是个好妈妈。

这种句式看起来是对孩子的期待，其实指向的是妈妈自己。妈妈有很多遗憾和低价值感，当她无力排解这些感受时，就会无意识地把它们强加在孩子身上。

妈妈和孩子是两个独立的个体。妈妈需要看见自己、为自己负责，只有这样，她才能看见真实的孩子。

第二种：再……就……

他再这样不合群，就没人和他做朋友了。

老师再不关注她，她的学习就没指望了。

你再不好好学习，就连大学也没得上了。

有些恐惧，来自思维模式的限制，就好像孩子一步走错了，他这辈子就完了。

其实孩子只是没有经验，一件事暂时没有做好，仅此而已。他需要的是更多的时间和更多次的练习。

试想一下，因为一时一刻的表现就给孩子下了定论，这对孩子来说是多么残忍的事。

如果修改一下，这种句式可以调整为：他只是……（我们对孩子的理解），我可以……（我们对孩子的支持）。

她只是需要更多的时间适应新环境，我可以陪着她一起经历这个过程。

他只是暂时没有机会展示自己，我可以帮他关注机会，让老师看到他。

他只是暂时还没搞清楚解题思路，我可以陪他一起把错题好好整理一下。

第三种：必须！一定！不能／不可以……

我走过的弯路，绝对不能让孩子再走一遍！

我犯过的错误，孩子一定不能再犯！

你必须写完作业才能出去玩！

童年的成长经历给我们留下了太多烙印，而当时的情绪也一起被留在了我们的身体里。

在面对孩子同样的经历时，我们童年未曾完全释放的情绪被重新激活，我们的反应方式也回到了童年的模式，只是徒有成年人的身体而不自知。

借由孩子带给我们的挑战，我们可以重新和童年的自己进行联结，把当年未释放的情绪释放出来，让童年的自己重新长大。只有这样，我们才能更清醒地面对孩子，允许孩子按照自己的节奏成长。

找到情绪触发点，疗愈伤痛

回想一下，你是不是特别容易被孩子的某些特定行为"引爆"？

比如前文提到的，我会因为儿子不刷牙、交不到朋友、不写作业、太晚睡觉、大哭这些行为而做出自动化反应，忍不住催促、提醒、制止他。但我们都知道，这样的自动化反应并不会真正解决问题，反而会带来更多的麻烦。

那么，问题到底出在哪里呢？

可能你会很自然地认为，是孩子的行为"引爆"了你，问题都出在孩子身上，而你的自动化反应也是为了改变孩子的行为。

但是你却忽略了，此时你正带着强烈的情绪对孩子的行为做出反应，这些情绪化的反应会阻断我们和孩子的沟通渠道，让我们看不见真实的孩子，更无法赢得孩子的合作。

是时候打破这些自动化反应了。

让我们把焦点从孩子的"行为问题"转移到"妈妈的反应机制"上，通过一个场景来拆解一下，这些自动化反应是如何启动的。

儿子两岁左右时，经常因为一点小事就大哭不止，我则会因为他的大哭烦躁不已，忍不住去制止他，希望他尽快停下来。

在这个案例中，面对儿子"大哭"的行为，我的感受是"烦躁、愤怒"，我采取的行为是"制止他，让他停下来"。

这个反应机制源自我童年的经历，我小时候是不被允许哭的，只要一哭就会被家长要求憋回去。所以，儿子的大哭成了引发我内心反应的触发点，把我带回了自己小时候不被允许哭泣的痛苦之中，我童年时期被压抑的感受被孩子的大哭再次激活，于是我下意识地采取了"制止"这个行为。

只有搞清楚究竟是哪些外部刺激激活了我们内心的反应，我们才能找到自动化反应的真正根源。所以，**看见孩子，从看见自己开始。**

而我看见了对孩子行为的不满背后，那个伤痕累累的自己。

对刷牙的紧绷感来自我小时候龋齿很严重的经历，我不希望儿子像我一样牙齿不好；

希望儿子多交朋友是因为我小时候住在家属院，朋友很少，我不希望儿子像我一样孤单；

儿子晚睡我会焦虑，是因为小时候的我经常会因为 8:30 没有准时上床睡觉而与妈妈发生冲突，那时的焦虑情绪留在了我的身体里……

所以，**停止自动化反应的第一步，就是启动内在觉醒，意识到孩子的哪些行为是自己的触发点，从关注孩子的行为，开始转向关注自身的感受。**

看见自己，就是自我疗愈的开始。

虽然已经知道了童年经历对我们作为父母的影响，但今天已经成年的我们，内心更有力量，可以重新选择处理问题的方式，而非继续重复原有的模式。所以，借助孩子，我们有机会"穿越时空"去拥抱小时候的自己，重新养育自己。

奥地利个体心理学家阿德勒说，重要的不是我们过去经历了

什么，而是我们如何看待过去。 在问题面前，我们永远都是有选择的。

我们对待孩子的方式，往往会和父母养育自己的方式如出一辙。**小时候的我们，是通过父母的眼睛认识自己的，父母对我们的批评或指责、肯定或欣赏，都会内化成我们的价值观和信念，并在潜意识里影响着我们看待自己和孩子的方式。**

但这些潜意识中的信念和想法并不是事实，而是我们基于过去的经历得出的结论。我们只有看到自动化反应背后的限制性信念，才能打破自动化反应，赢得孩子的合作，从而带来真正的改变。

这些限制性信念包括：如果不好好刷牙，孩子就一定会有龋齿；没有朋友的孩子就会很孤单，就是不受欢迎的孩子；只有早睡早起才是好的；只有先写作业再玩才是正确的；孩子必须很优秀才是好的；等等。

表 1-2 总结了孩子常见的行为挑战是如何激发我们的自动化反应的，你可以参考这个表格进行触发点觉察记录。时刻保持觉察，你就可以逐步从"自动化反应状态"进入"觉察状态"，做出对孩子成长更加有利的选择。

表 1-2　常见触发点觉察记录表

孩子的行为（触发点）	你的感受	自动化反应	可能的童年创伤	可能的限制性信念
大哭	烦躁、生气	制止、解救、转移注意力	不被允许哭	哭是脆弱的、不好的
"不合群"	愤怒、担忧	提要求、贴标签	曾经被排挤或朋友很少	朋友少就是不受欢迎的
成绩差	愤怒、担忧	要求孩子刷题、补课	因为成绩差被批评或有遗憾	只有成绩好才能有出息
成绩差几分满分	愤怒、遗憾	挑剔："再细心一点就是满分了"	被挑剔，总是达不到父母的要求	只有非常优秀才是好的
展示自己的进步	担心、窃喜	对孩子说"你就是运气好，别骄傲"	被教育要"喜怒不形于色"	骄傲使人落后
回到家先玩，不写作业	着急、担心	反复提醒和催促	因为作业没写完被罚站、被催促	先写作业再玩才是好习惯
……	……	……	……	……

借助孩子的挑战，让大脑重新布线

从这个角度讲，我们要感谢孩子，让我们有机会与过去的自己相遇，修补曾经的伤痛，成长为更健康、更完整的自己。

在此过程中，我们需要小心翼翼地扒开伤口，让里面曾经被隐藏和压抑的情绪流淌出来，这些情绪是我们小时候无法面对和承载的，而现在我们可以陪伴自己去穿越那些情绪，让伤痛得到疗愈。

比如，被压抑的愤怒就是一种创伤。

如果小时候被父母过度控制或过度忽视，我们会感到愤怒，但是我们不会表达愤怒，或者在表达愤怒时被指责，于是愤怒就被压抑和隐藏起来，保留在我们的身体里。直到孩子到来后，在相似的场景下，这些被压抑的愤怒才有机会"重见天日"，被我们重新看见。

我们只有看见自己的伤痛、承认并接纳伤痛，才能让伤痛得到疗愈。

这个过程是怎样发生的呢？让我们通过一个案例来梳理一下。

孩子放学回到家，拿起手机就玩了起来。

你看到孩子玩手机，第一反应是："作业写完了没？"得知孩子并没有完成作业，你开始催促孩子，而孩子并不会因为你的催促就放下手机，反而表现得很反感。

孩子反感的表情让你怒火中烧，你终于忍不住吼了孩子，一把夺过手机，而孩子则被你的动作激怒，摔门而去……

可怕的是，这样的情况每天都在上演，你和孩子之间总是因为作业和手机的问题冲突不断，你明知这样粗暴的方式并不能解决问题，但还是控制不住自己，形成恶性循环。

这样的场景之所以出现，是因为你小时候的体验让你形成了这样的"脑回路"："玩乐会荒废学业，只有先写作业再玩才是好的，如果不好好学习就没有未来，只有孩子学习好才能证明我是个好妈妈……"这些正是你对学习的限制性信念。

基于这样的"脑回路"，你对孩子的回应仅仅停留在他外在的行为表现上，而忽略了他的内心世界。孩子的外在行为其实是他内心世界的表现，想要孩子的行为发生改变，你首先要看见和回应孩子内心的想法、需求、感受、冲动等。

孩子的行为表现——不写作业、拖拉磨蹭、玩手机……

孩子的内心世界——

感受：疲惫（我已经在学校累了一天了）、烦躁（妈妈每天都唠叨个没完）、有压力（今天的作业太多了）、内疚（我又让妈妈失望了）……

想法：作业太多了，不想写；今天的球赛又看不了了；某某同学又给我起外号了；我就是想放松一下都不行吗？

冲动：我只靠自己就停不下来……

但此时你知道却做不到，正是因为孩子的行为触发了你内在的伤痛，让你感受到愤怒、失控、无力；与此同时，你还会产生自我苛责、对孩子的内疚感等，带着这些伤痛，你对孩子做出的都是下意识的回应，也就是自动化反应。

其实，你对孩子的回应，正在塑造着孩子生长中的大脑，并让孩子逐步形成看待自己、看待问题、看待学习、看待这个世界的方式。

《全脑教养法》一书中提到，发展心理学多个领域的研究结果都表明，我们周围发生的一切，包括听的音乐、爱的人、读的书、接受的训练、感受的情绪，都深深地影响着大脑的发展。

所以，基于大脑的神经可塑性，父母完全可以通过后天的学习和成长，疗愈自己的伤痛，让自己的大脑重新布线。在这个过程中，父母也可以塑造孩子的"脑回路"，帮助孩子形成重要的心理品质，比如：我是不是对自己感到满意？我是不是有能力面对挫折？我能否表达自己的主张和想法？我能否信任他人并与之建立关系？我是否可以胜任我的学习？……

这些都取决于你对孩子的回应方式。你对孩子的回应方式，也是你内心世界的表现，想要改变自己的回应方式，你就要先看到自己内心世界并疗愈自己。这个过程，就是让你的大脑重新布线的过程。

你的回应方式：催促、唠叨、反复提醒、抢手机……

你的内心世界：

恐惧和担忧（孩子控制不住自己，这样下去可怎么办？）；

愤怒（我辛辛苦苦把你养大，你居然对我这么反感？）；

强烈的无力感和失控感、养育的挫败感（我到底该怎么办？）；

自责和内疚（是我没把孩子管好，我不是个好妈妈）；

限制性信念（只有先写作业再玩才是好习惯）……

有一种重新布线的方式是使用"觉察性的语言"来叙述经历，用叙述的方式帮助孩子将其行为表现和内心世界联系在一起，同时传递父母对孩子的理解和共情，让孩子感受到父母是和自己站在一起的，有助于培养孩子自我反思的能力。

同样地，父母也可以用叙述的方式和孩子分享自己的观点。这个过程，也是父母梳理自己的想法、疗愈自己的过程。

比如，面对前文中玩手机停不下来的孩子，父母可以通过"觉察性的语言"帮助孩子觉察自己的情绪状态，并传递对孩子的疲惫、压力以及玩手机会控制不住、停不下来的理解。

"我知道在学校待了一整天，你一定很疲惫，你一定是希望玩会儿手机放松一下；但现在你得停下来去写作业了，我们可以在你写作业前玩一场枕头大战放松一下……"

"我们的大脑在玩手机时会分泌多巴胺让我们兴奋，所以我们只靠自己很难停下来。我有时也会刷手机停不下来，下次你可以在开始玩手机之前定个闹钟提醒自己……"

父母还可以用叙述的方式分享自己的想法和感受。如果之前伤害了孩子，也可以借此修复关系。

"其实看到你玩手机的时候我有些担心，我不知道什么样的回应对你来说是恰当的。我之前说了很多伤害你的话，很抱歉，那并不是我的本意，我正在学习如何更好地和你相处，请多给我一些时间。"

前文提到的倾听练习，或用自由书写的方式进行自我梳理，就是在用叙述的方式疗愈自己，让大脑重新布线。这个过程，也是把我们所经历的事实和这个经历引发的情绪分开的过程，即整合大脑的过程。

这样，将来再遇到类似的挑战场景，我们便可以把事实和情绪区分开，带着觉察去回应孩子的内心世界，而不是做出下意识的自动化反应。

让大脑重新布线是一个缓慢的过程，需要经年累月的刻意练习。在此过程中会有反复的失败，可能会引发更多的挫败感和内疚感，但请接纳和允许这些感受的存在。接纳和看见，也是自我疗愈非常重要的一部分。请多给自己一些时间，告诉自己"我正在努力尝试"，并花些时间陪伴自己。

👁 觉察日记

1.回顾某一次和孩子发生冲突的场景，当时你是怎么做的？尝试理解一下，当时孩子的行为表现背后展示了怎样的内心世界？

2.觉察一下，在面对养育过程中的挑战时，有没有哪些限制性信念在潜意识中控制着你？请带着这些觉察，开启下一章的阅读。

第二章

妈妈的限制性信念：
觉察潜意识的控制

应该：怎样打破"应该思维"，看清真相

我们来检验一下，在日常生活中，你的脑海里是否隐藏着这些"应该思维"？

他都已经三年级了，应该能主动写作业了！

我都讲了这么多遍了，他应该学会了呀！

他是哥哥，难道不应该让着妹妹吗？

我从小就是学霸，我的孩子就应该学习好！

这些隐藏的"应该思维"，为你的孩子"应该成为什么样子"制定了一个标准。

当你按照这个标准对孩子提出要求时，就相当于在告诉孩子："我知道什么对你来说是最好的，你的想法和需求不重要，直接按照我说的做就好了！"而一旦孩子的行为不符合这个标准，就会触发你的愤怒和不满，迎接孩子的将是抱怨、指责或批评，而非孩子真正需要的耐心引导。

与此同时，孩子真实的想法和需求总是被压抑，等待你的将是孩子的对抗、逃避或者直接放弃。时间久了，不但问题得不到

解决，而且会出现更多的矛盾和冲突，破坏亲子关系和家庭关系。

事实上，你的愤怒来自"应该思维"的局限——当孩子的真实表现和你心目中的"应该"不一致时，就会引发你的情绪。

这样的"应该思维"，不仅隐藏在亲子互动中，而且还隐藏在夫妻互动中。探究这些"应该思维"背后的根源，才能真正打破思维局限，看见真实的孩子。

打破"应该思维"的三种方法

作为父母，我们需要有意识地打破"应该思维"的坚硬外壳，看到真实的孩子。接下来，通过几个真实的案例场景，让我们一起破除亲子互动中的"应该思维"。

方法一：理解孩子，站在孩子的角度看待问题

孩子上课坐不住，我每天都提醒他，他应该能坐得住了呀！可我的提醒一点用都没有！

孩子总是冒冒失失的，自己经常受伤还容易撞伤其他人。我说了很多次，他应该有礼貌一些呀！

有一次孩子和爸爸发脾气，居然说不要爸爸了！他对爸爸应该有最起码的尊重，也不应该这样发脾气！

在这些场景中，站在大人的角度，孩子有很多"应该"做到

的事，比如上课要坐得住、要有礼貌、要控制好自己的情绪。孩子如果出现了大人眼中不可接受的行为，在被大人提醒之后，就应该立刻改正。

但站在孩子的角度，这些大人眼中不可接受的行为都在向父母传递着重要信息——

总是撞伤自己或他人，说明孩子对自己的身体力量还不能很好地掌控，需要练习；上课坐不住，说明孩子听课没有跟上老师的节奏，需要好好预习；发脾气、说重话说明孩子在那一刻的情绪非常强烈，以至于只有发脾气才能表达自己的感受。

父母只有站在孩子的角度重新看待问题，才能更好地和孩子站在一起打败问题，而不是和问题站在一起打败孩子。

有一种"应该思维"在多子女家庭中根深蒂固，那就是"大的应该让着小的"。

孩子之间发生冲突时，很多父母的第一反应就是护着小的，可这样的袒护不但解决不了问题，还有可能会激起大孩子的反抗，破坏孩子们的关系。

家里增加新成员后，老大的行为开始"倒退"，其实是在确认父母对他的爱。 孩子是非常好的观察者，也往往是非常糟糕的解释者。

他敏锐地观察到：因为弟弟或妹妹的到来，爸爸妈妈的关注点不再在自己身上了；爷爷奶奶，甚至家里的客人都很关注这个新成员；以前自己在家里玩都很随意，现在则经常被提醒"小声一点"，否则会影响弟弟或妹妹睡觉……

他会把这些变化解释为：爸爸妈妈不再爱我了，我没有那么受欢迎了。于是他选择通过"行为倒退"的方式吸引大人的注意力。

如果此时大人的处理方式是告诉老大"应该"让着弟弟或妹妹，则"证明"了老大的解释——"爸爸妈妈果然没那么爱我了"，这会极大程度地破坏老大的安全感。

老大会把这一切归咎于这个新成员，产生对弟弟或妹妹的敌意，而家庭中无休止的争吵也正是由此而来。

所以，老大争夺的不是弟弟或妹妹的东西，而是父母的爱和关注。 正所谓"爱满自溢"，如果老大得到的爱是满满的，自然不再需要和弟弟或妹妹争抢。

方法二：认知重构，接纳孩子原本的样子

我的孩子特别敏感，内向又慢热，还很容易情绪化。他应该大方一点！

我的孩子很容易有畏难情绪，遇到一点困难就放弃。他应该提高自己的抗挫折能力！

我的孩子特别固执，只要他认定了一件事，别人说什么他都不听。他应该灵活一点！

怎样才算是一个受欢迎的孩子呢？活泼大方、有礼貌、愈挫愈勇、高情商、学习好……好像只有做到这些，他才是一个社会主流声音所认可的、受欢迎的孩子。

所谓"认知重构"，就是从新的角度看待孩子的行为。每个孩子都有自己天生的气质，孩子表现出来的行为也与自己的特质有关。

比如，天生的气质有内向和外向之分。外向的孩子虽然活泼大方、朋友很多，但容易浅尝辄止，难以建立深度关系。内向的孩子虽然比较敏感慢热，但具有敏锐的观察力和感知力。

比如，天生的气质有坚持度高和坚持度低之分。容易有畏难情绪的孩子坚持度偏低，但处事比较灵活，人缘好；固执的孩子坚持度高，虽然不够灵活，但有自己的主见和想法，遇事不容易放弃。

天生的气质没有好坏之分，父母只有看见孩子的特质、接纳孩子真实的样子，才能帮助孩子发展自己的优势、弥补自己的短板。

方法三：调整期待，花时间训练孩子的能力

十一假期期间，我收到了一位妈妈的信息。

她的女儿刚上小学一年级，无法独立完成一张试卷，表现为漏题、未充分理解题意就匆匆作答、会的题做错、常常走神等。老师说十一假期过后会有阶段考试，但很明显她的女儿无法正常考完。这位妈妈希望我告诉她，趁着十一假期，可以做点什么以让孩子尽快做出改变。

可能很多父母都忽略了一件事：刚上一年级的孩子距离幼儿园毕业仅仅过去了几个月而已，并不是孩子上了一年级就"应该"能独立完成一张试卷了。

孩子不是一下子长大的。尤其是对各项能力的培养，需要父母有耐心、有方法地陪伴。在我写的《自驱型孩子：21天唤醒孩子的自主学习力》一书中，详细介绍了父母该如何厘清误区、用正确的方法陪伴孩子学习，以及如何耐心坚持，才能更好地激活孩子学习的自驱力。

面对以下场景，父母需要调整期待，花时间训练孩子的能力。

习惯：习惯是大脑的自动化反应，需要重复很多次才能形成。孩子需要在父母的帮助和支持下，一次又一次地做到一件事。

阅读：从亲子阅读到自主阅读，从读图画书到读文字书，需要父母搭建脚手架，提供环境和方法，陪伴孩子逐步过渡。

写字：从正确握笔到书写笔画，到把一个字大小适中地写入田字格，再到又快又好地写字，是一个逐步发展的过程。孩子升入二年级后会有肉眼可见的突破。

作文：并不是阅读量大就可以写出一篇好作文。从输入到内化再到输出，从看图写话到写一篇作文，需要不断地刻意练习。

改错：孩子的错题并不是提醒一次就能改对的，他需要知道错误原因是什么，才能纠正错误的思考过程。尤其是天生的气质坚持度高的孩子，可能需要被反复纠正很多次。

你不说，别人怎么知道你的想法

有一年妇女节，我在妈妈力的社群里发起了对老公的"吐槽大会"。

一位妈妈说："昨天老公问我想要什么礼物，我让他看着买就行。结果他说家里的炒锅坏了，就送了我一口锅，你说气人不气人，我以为他会给我买束花呢！"

这位妈妈的描述，就充满了"应该"的意味。

在她看来，老公是"应该"知道她想要一束花的。当老公买回了一口锅，而不是她期待的一束花时，她又觉得老公不懂自己。

其实这就是萨提亚模式提到的"不一致沟通"，即心里想的内容和自己表达出来的内容不一致。这位妈妈心里想的是"要一束花"，表达出来的却是"看着买就行"。

好像老公们需要有这样一种特异功能——"我不说，你也应该猜得到"。然而事实并非如此，你不说清楚，别人怎么能猜到你的心思呢？很多夫妻矛盾正是源自这种"应该思维"。

打破这样的"应该思维"需要学习"一致性沟通"，简单来说就是对自己真实，让自己的外在表达与内在的真实想法保持一致。

当我生气时，我承认我在生气；当我难过时，我接纳我的难过；当我有期待时，我允许自己有期待；当我恐惧时，我也不需要隐藏我的恐惧。

要想做到"一致性沟通"，需要进行一段时间的刻意练习，可以从觉察、接纳、表达三个步骤入手。

第一步：觉察。觉察自己的感觉、想法和情绪。

发生了某件事情之后，可以停下来问问自己：我怎么了？此刻我在想什么？我在意什么？我感觉到了什么样的情绪？

这个觉察的过程，就是和自己的内在进行联结的过程，想要做到并不容易。从小到大，我们都被教导"自己的感受不重要"，已经习惯了忽略自己的感受。

想要练习觉察自己的内在感受，最简单的方法就是充分体验自己的身体感受。感受自己是否心跳加速、手心出汗、四肢僵硬，感受自己的呼吸变化，通过对这些身体线索的探索，我们就可以逐步提高对自己内在感受的敏感度。

第二步：接纳。想要做到接纳，可以从和自己对话开始。

是的，对于这件事我感觉……

是的，此刻我感觉……

是的，我确实感觉到……

接纳正向的感受并不难，难的是接纳自己的负向感受。大多数人习惯否定自己的负向感受，不把自己的负向情绪表达出来，好像表达负向情绪就说明自己过得不好，或者自己是脆弱的、矫情的。

每一种负向情绪对我们来说都是有意义的。愤怒代表着我们的边界被侵犯了，或者我们遭受了不公平待遇；悲伤意味着我们失去了生命中重要的东西；恐惧提醒我们可能有危险，要自我保护；焦虑告诉我们想要得到更好的结果，就要做更多的准备……

所有负向情绪都是我们需要的情绪。如果我们可以接纳这些负向情绪，就可以看到这些情绪中蕴含的重要信息，并把这些信息运用到一致性表达中。

第三步：表达。表达自己的真实感受，既要兼顾自己的真实感受，也要采用让彼此都舒适的表达方式和措辞。

萨提亚模式介绍了沟通的三要素，即情境（发生了什么事件）、自己和他人（彼此的感受、需求和期待等）。

一致性沟通就是兼顾这三个要素的沟通，接下来我们以情人节的沟通为例。

老公问：情人节到了，你想要什么礼物？

你的内心戏：买什么礼物还要问我，你这样问有诚意吗？我才不会告诉你呢，主动要的礼物那还叫礼物吗？再说了，我喜欢什么你不应该知道吗？

觉察：我有点烦躁，我希望他能够猜到我想要什么礼物，而不是让我来告诉他。我还有点羞愧，觉得自己不应该主动要礼物。其实我的要求不高，买一束花就可以了，但是我有点不太好意思直接告诉他。

接纳：是的，我确实有点烦躁；是的，我确实对他有期待；是的，其实买一束花我就满足了；是的，主动告诉对方我想要什么确实有点不好意思……是的，这些都是我的想法，是我的内心戏，他只是需要我告诉他我喜欢什么礼物，仅此而已。

表达：那你给我买束花吧，我喜欢百合。

◉ 觉察日记

1. 读完这一节，你觉察到自己有哪些"应该思维"？这些"应该思维"给你带来了哪些挑战？从对自己、对孩子、对另一半三个角度出发，分别列出清单。

2. 针对你和另一半之间最近发生的某件事，做一次"一致性沟通"，看看会发生什么。

| 第二节 |

期待：为什么优秀的孩子，其实内心很自卑

你对孩子有期待吗？其实父母对孩子的很多不满，都来自期待的落空。

可能连你自己都没有发现，随着孩子年龄的增长，你对他的期待是越来越高的。

刚出生那几年，你看孩子什么都是好的。

即使偶尔哭闹、发脾气，他在你眼里也是可爱的。

孩子上幼儿园后，来自外界的声音越来越多，你开始期待孩子上课坐得住、被老师喜欢、有一两样特长……

发脾气的孩子在你看来已经不再可爱了，甚至有点无理取闹……

等到孩子上了小学，你又期待孩子能主动写作业、考试考高分、交到很多朋友……

有一些期待是显性的，比如父母会期待孩子考高分，不断追求更好的表现，期待孩子学钢琴要考级、参加比赛要拿名次等。

还有一些期待是隐性的，比如妈妈辞去工作，全身心陪伴孩

子成长，期待孩子能够有更好的表现。此时孩子不仅背负着自己的人生，还背负着妈妈的人生。孩子会认为，让妈妈幸福是自己的责任。

肩负着父母的期待，孩子身上会发生什么呢？

高期待的父母，往往会让优秀的孩子变得自卑。因为孩子会觉得自己永远达不到父母的期待，即使在别人看来他已经非常优秀了，他也会觉得自己"不够好"。

肩负着父母的高期待，孩子会压力重重，一开始或许还可以配合父母，但随着年龄的增长、自我意识的萌发，孩子的内心会逐渐走到崩溃的边缘，成为一个优秀的"空心人"。一旦遭遇一些失败事件，它们就会成为"压死骆驼的最后一根稻草"。

觉察自己的期待，为自己的期待负责

电视剧《小欢喜》里面的英子，因为妈妈宋倩的高期待而感到窒息，一度崩溃到要跳海自杀。宋倩希望英子报考清华大学，而英子自己一心要考南京大学。

宋倩质问英子："你为什么一定要去南大呀？！"

英子说："我就是想要逃离你！"

家原本是孩子温暖的港湾，却因为父母对孩子的高期待而变得让孩子感到窒息；妈妈原本是最爱孩子的人，却因为对孩子的高期待而让孩子只想逃离。不得不说，这是亲子关系极大的悲哀。

在父母的高期待下，孩子有可能取得好成绩，但一定不会享受学习。 我的一个朋友被父母逼着画了很多年的画，终于考入清华大学美术学院，却在办完入学手续那一刻脱口而出："我终于不用再画画了！"这一定不是父母想看到的结果。

这其实就是心理学中讲的"超限效应"，指的是刺激过多、过强，或作用时间过久引起个人心理极不耐烦或反抗的心理现象。 如果你想让孩子讨厌某件事，你就反复向孩子强调这件事的重要性吧，比如学习。当父母反复唠叨和提醒孩子要写作业、要认真学习、要取得好成绩时，就会引发孩子的不耐烦，让孩子更加讨厌学习。

父母对孩子的高期待，主要有以下几种表现。

第一种期待表现为"应该思维"。

我同事的孩子都考上了清华大学，我的孩子也应该上清华大学！

邻居家的孩子就比你大一个月，都考过钢琴十级了，你也应该能做到！

这样的例子并不少见。父母为了自己的面子，把高期待强加在孩子身上，完全忽视了孩子的喜好和能力。

孩子会觉得，自己表现不好就会让父母没面子，从而对父母产生愧疚之情。久而久之，孩子还可能会进行自我攻击，甚至因此怨恨父母。

第二种期待是父母把自己的付出转化成了对孩子的期待。

我为了你放弃了年薪几十万的工作，你得学习成绩好，我才能有面子！

我砸锅卖铁给你买了学区房，你学习成绩不好怎么对得起我！

一方面，这些付出未必是孩子真正想要的，而是父母自己做出的选择，且付出通常并不仅仅是为了孩子。但父母对孩子的期待却把这些付出和孩子的表现绑定在了一起。

另一方面，对孩子来说，这样的高期待是沉重的压力。孩子生活在持续的高压状态下，就无法专注高效地投入学习，甚至可能会厌学。就像一根弹簧如果始终被拉紧就会失去弹性一样，孩子一不小心还可能会"绷断"。

第三种期待，和父母自己的遗憾有关。

我小的时候没有条件学画画，现在条件好了，你可要把握好机会！

我花了那么多钱送你去学钢琴，你怎么能说放弃就放弃了？！

很多父母希望孩子能够弥补自己的遗憾，完全没考虑过自己要求孩子做的事是不是孩子喜欢的，或者是不是孩子能胜任的。如果父母仅仅是一味地要求孩子，只会引发孩子的逆反心理。

那么，父母该如何觉察自己的期待呢？情绪就是一个非常好的切入口。

首先，觉察一下，自己的某种情绪背后有着怎样的期待？

其次，体会一下，这个期待是从哪里来的？其中隐藏着什么样的信息？

最后，深入探索一下，这个期待对自己来说意味着什么？

我们可以通过自我觉察看见自己的期待、允许自己有这个期待，并且想办法满足自己，而不是把这个期待强加到孩子身上。

儿子一岁多时，我买了很多画图工具和颜料，希望能创造一个环境，让他喜欢上画画。为此，我还读了相关的书、学习了专门的课程，但是儿子却对画画一点也不感兴趣。

每次和他一起玩颜料，或者参加美育课程时，我比儿子更加投入。后来我觉察到，小时候没有条件学画画是我自己的遗憾，我却希望通过儿子来弥补。觉察到这一点之后，我把画画写入了自己的愿望清单，对儿子画画这件事也就不再强求了。

父母可以对孩子有期待吗

读到这里，你可能会问：难道父母就不可以对孩子有期待吗？

那么，期待的本质是什么呢？

其实是父母无意识地把自己的"价值感"延伸到了孩子身上。孩子表现得"好"或者"不好"，父母的"价值感"在随之浮动。仿佛只有孩子表现得好，父母才会觉得自己是"好"的。

这些期待一旦转变为父母对孩子的控制，就会让孩子在生命中背上沉重的包袱，孩子往往会为了满足父母的期待而忽略自己的感受和需求。

斯多葛主义哲学把控制分为三种类型：能够完全控制、完全无法控制、能够部分控制但也有一部分无法控制。[①] 对于完全无法控制的事情，我们要学会放弃关注，不然，只会让自己更加焦虑痛苦，只是自讨苦吃。

我们需要把关注点放在自己能够完全控制，以及能够部分控制的事情上，也就是某件事情中和自己相关的部分。斯多葛主义哲学指出，有三类事物是我们可以完全控制的，包括目标、价值观，以及我们想拥有的品质。

所以，你希望你的孩子成为什么样的人，你就要先成为那样的人；你希望孩子秉持什么样的价值观，你就要先践行那样的价值观；你希望孩子拥有什么样的品质，你自己就要先拥有那样的品质。

---

① 威廉·B.欧文. 像哲学家一样生活：斯多葛哲学的生活艺术 [M]. 胡晓阳，芮欣，译. 上海：上海社会科学院出版社，2018.

第一步，觉察期待的根源，放下对自己的高期待。父母对孩子的高期待，本质上还是对自己的高期待。当孩子达不到期待时，妈妈往往会心力交瘁，觉得自己做得不够好、自己不是个好妈妈。

其实，孩子需要的并不是一个完美的妈妈，而是一个真实又放松的妈妈。与其把压力传递给孩子，不如学会接纳自己，"如我所是"。

第二步，把对孩子不切实际的期待转化成阶段性的小目标。高期待带给孩子的是总也达不到要求的挫败感，而孩子的成长有自己的节奏，不是一蹴而就的。

设定阶段性的成长目标、为孩子搭建脚手架，可以减少孩子的挫败感，提高其胜任感。

第三步，要学会放手，让孩子自我管理。很多妈妈事必躬亲，而她们对孩子的投入越多，期待也就越高。其实可以适当偷偷懒，让孩子自己去做一些力所能及的事，这样虽然需要花费更多时间，但更容易培养一个有责任感的孩子。

放手还意味着学会利用身边一切可以利用的资源，比如让爸爸更多地参与进来，让自己的生活有松弛感，不把注意力全部放在孩子身上，等等；这样，孩子反而会更加自觉。这部分内容我们会在第三章展开讨论。

接纳孩子大概率会是一个普通人

不知道你有没有发现，父母对孩子的期待，随着孩子的年龄增长，其实是在不断下降的。

孩子刚出生时，父母望子成龙、望女成凤，觉得自己的孩子简直就是个天才；

等孩子上了小学，父母觉得孩子一定可以考上"双一流"重点院校；

而等到孩子上了初中，父母对孩子的期待是考上本科就好；

等孩子到了高三，父母又觉得孩子能上个大学就挺好的……

这个过程，其实是父母不断认清现实的过程。教育部官网数据显示，2023 年，全国高考报名人数为 1291 万人；但相关数据统计显示，只有不到 10% 的学生可以升入"双一流"院校。

所以，不管你是否愿意承认，事实上，我们的孩子大概率会是个普通人。

很多父母对优秀是有执念的，总觉得只有优秀的才是好的。

不但如此，他们还会把孩子的优秀和自己的优秀绑定在一起。

当孩子表现好时，他们就感觉自己是好的；当孩子表现不好时，他们又会觉得仿佛整个世界都崩塌了。好像只有孩子的优秀，才能证明自己的优秀。

这背后，其实是父母对自己的不接纳。他们不愿意接纳自己的平凡和普通，所以期待用孩子的优秀来证明自己。

梁晓声说："孩子若是平凡之辈，那就承欢膝下；若是出类拔萃，那就让其展翅高飞；接受孩子的平庸，就像孩子从来没有要求父母一定要多么优秀一样。"

刘继荣在《坐在路边鼓掌的人》①中讲了"家有中等生"的故事。她的女儿一直很努力地学习，却只能考到让人哭笑不得的第23名，甚至因此获得了一个外号——"23号女生"。

她的女儿实在是普通。女儿的梦想是做妈妈，穿着可爱的围裙给孩子讲故事，在阳台上看星星；女儿没有什么看家本领，只能在别的孩子进行才艺表演时拼命鼓掌……

但她的女儿又实在是不普通。女儿在大家结伴郊游时照看食物，像个小管家；在其他孩子起冲突时，她用游戏轻松化解；她还会用一个又一个的笑话缓解大家在旅途中等待的无聊……她成了全班同学最欣赏的人。班主任对刘继荣称赞道："你这个女儿，虽说成绩一般，可为人实在是很优秀啊。"

更难能可贵的是，她的女儿说："我不想成为英雄，我想成为坐在路边鼓掌的人。"

是啊，正如刘继荣所言："如果健康，如果快乐，如果没有违背自己的心意，我们的孩子，又何妨做一个善良的普通人。"

---

① 刘继荣. 坐在路边鼓掌的人 [M]. 北京：中信出版集团，2015.

而我们，也可以做个幸福的普通人。

告诉孩子："爸爸妈妈不需要通过你的成绩、你的表现来证明自己，我们可以为自己的人生负责。我们也把你的人生交还给你，相信你可以为自己负责，活成你想成为的样子。"

◉ 觉察日记

1. 觉察一下，你对孩子有什么样的期待？这个期待和你自己的什么需求有关？

2. 你觉得自己是个普通人吗？你是否接纳自己的孩子也是个普通人？你如何看待普通人的幸福呢？

标签：为什么"贴标签"会成为
对孩子的"诅咒"

我的线下读书会中有一位妈妈，她每次都来参加，但每次都坐在最后一排。

轮到她分享时，她总是说："我反应比较慢，你们先说，我听着就好。"每到这时，我都会放慢节奏，告诉她："不着急，你慢慢说，我们等着你。"

慢慢地，这位妈妈变得更放松了，她开始袒露心声。她说，从小到大，妈妈都会说她脑子笨、反应慢，这导致她长大成人之后，无论做任何事都比别人慢半拍，面对优秀的人，她总会有强烈的自卑感。

其实，这位妈妈是一位高级工程师，有着非常好的职业背景。在我们看来，她是一位非常优秀的女性，和"脑子笨、反应慢"完全不沾边。但即便我们这样说，她也仍然不自信。

你小时候有没有被贴过标签呢？

长大后，这些标签是一直跟随着你，还是已经被撕掉了？

很不幸，绝大多数孩子长大以后，都变成了父母口中不希望他们成为的样子。那些父母脱口而出的标签，就像"诅咒"一样，都变成了现实。

心理学中有一个现象叫作"自证预言"，指的是人会不自觉地按照已知的预言来行事，最终令预言成为现实。语言的力量是强大的，它会重塑我们的大脑。当孩子反复听到父母标签式的语言时，就会坚信这是事实，同时会无意识地搜集证据，最终让它变成事实，并将其内化为自我认同，相信自己就是那样的人。

给孩子贴标签，是父母的情绪化反应

我们来还原一下这位妈妈童年时的场景，看看这个标签是如何被贴在她身上的。

妈妈带着姐姐和妹妹，三个人一起玩跳房子的游戏。

和姐姐相比，妹妹的理解能力和反应速度一定是相对落后的。这本是年龄差距带来的正常差异，妈妈却脱口而出："哎呀，妹妹就是反应慢！"

在后来的无数个场景中，妹妹又听到妈妈说了无数次自己"反应慢"，最后她终于坚信自己确实反应慢，把这个标签死死地贴在了自己身上。

069 • 第二章 妈妈的限制性信念：觉察潜意识的控制

孩子最初就是通过父母的眼睛来认识自己的。正如教育学博士米歇尔·博芭（Michele Borba）所言："我们对孩子的评价有助于他们确定自己是谁以及他们认为自己是哪一类型的人。"

当父母用负面的眼光看待孩子时，孩子就会用负面的眼光看待自己，不但会接受这些负面信念，还会将它们牢牢记住，逐步内化为自己的信念，让这些负面标签跟着自己一路长大，最终成为现实。

既然如此，父母为什么会给孩子贴标签呢？我们来探索一下父母在忍不住给孩子贴标签时的情绪因素，即**面对挑战行为的无力感，以及面对社会压力的尴尬**。

在一些养育挑战中，父母不理解孩子的行为，更不知道怎么解决问题，这时，给孩子贴标签其实是无力感的一种表现。

孩子在搭积木，尝试了很多次，可积木每次都倒了，最后忍不住大哭起来。

看到这一幕，你心里烦躁极了，脱口而出："这孩子太没耐心了！"

孩子刚上幼儿园没几天，老师忧心忡忡地找你谈话，告诉你孩子在学校总是一个人闷闷不乐地待着，也不怎么和其他小朋友一起玩。

你听到老师的话，内心非常焦虑，心想：这孩子怎么不合群呢？！

让我们来听一听孩子内心的声音吧。

妈妈，我不是反应慢！我比姐姐小两岁呢！等我长大一些，我也可以做得很好！

妈妈，我不是没耐心！我哭是因为我很想做好，而且我一直在努力尝试，我都没放弃！

妈妈，我不是不合群！刚上幼儿园没几天，我还不太熟悉，我需要更多的时间来适应环境！

其实，父母是被孩子带来的行为挑战困住了，陷在自己的情绪里，看不见真实的孩子。然而，贴标签并不能真正解决问题，只会让孩子觉得自己很糟糕。

在另外一些场景中，父母会把孩子的表现和自己的养育成果绑定在一起。只有孩子表现好了，才证明他们是好父母。

于是，当孩子出现了一些不符合社会普遍认为的"好孩子"的行为时，父母会下意识地通过给孩子贴标签的方式避免自己的尴尬。

孩子在体育比赛中落后，父母会说，"这孩子从小身体弱，运动能力不行"；

孩子见到陌生的亲戚时躲在妈妈身后，父母会说，"这孩子有点害羞，比较胆小"；

当其他孩子大方地展示才艺而自己的孩子拒绝表演时，父母

071 • 第二章　妈妈的限制性信念：觉察潜意识的控制

会说，"这孩子五音不全"……

这样做，看起来让父母避免了尴尬，好像在说："他就是这样的！我也没办法。"

虽然这些标签看起来不易觉察，似乎在当时不会造成什么伤害，但父母的一句无心之言，却有可能成为孩子一生的桎梏。

孩子会形成自我暗示：运动时，就会想到自己"身体弱、运动能力不行"；认识新朋友时，就会以自己"胆小害羞"为借口，迟迟不敢主动迈出一步；而只要一提到唱歌，则会因为自己"五音不全"再也不敢开口。

这些负面标签会成为孩子在身份层面的自我认同，让他相信自己就是那样的人。

所以，父母要始终带着觉察，用发展的眼光看待孩子在成长过程中的种种表现，不要用一个标签禁锢孩子人生的更多可能性。

"粗心、马虎"的说法只是一种心理安慰

很多父母和老师都有这样一个困惑：明明是会做的题，孩子却经常因为粗心、马虎而做错，提醒了很多遍都没用，这是为什么？

其实，从脑科学的角度讲，根本没有"粗心、马虎"这一说。

粗心一方面是因为大脑的工作记忆不足，另一方面也涉及专注力的问题。

工作记忆是一种短时记忆，即大脑的"缓存"，用于暂时存储完成当前任务所需的信息。比如，做一道题需要记住已知条件和问题，避开迷惑信息的干扰，还要记住在做完之后进行检查。**孩子做错题，不一定是因为粗心，可能是因为大脑记不住这么多信息。**

随着孩子的年龄增长，大脑持续发育，其工作记忆和专注力也可以通过后天训练不断提升，粗心的问题就会得到改善。

另外，题目既然做错了，就一定要分析出具体的错题原因。孩子只有知道自己是怎么做错的（即思考过程），才有可能改正过来。

如果只把错题原因归纳为粗心、马虎，一方面，孩子不知道错在哪里、该如何改正；另一方面，这样的归因方式还让孩子给自己找了一个心安理得的"理由"：其实我都会，我只是粗心、马虎而已——带着这样的心态，孩子很难在未来不出同样的错误。

把孩子的错题原因归纳为粗心、马虎，也是父母无力感的表现。面对孩子的错题，父母不知道该如何帮助他改正，于是给自己找了一个心理安慰：他其实都会，只是粗心、马虎而已。

粗心、马虎也会成为一种"自证预言"。孩子一开始是由于能力欠缺、不会分析错题原因而做错了题；后来孩子则会逐渐相信自己就是粗心、马虎的，无法改变，形成固定的思维模式。

从大的类目上讲，错题原因可以分为概念不清晰、没有理解题意、计算错误、抄写错误等。在此基础上，父母可以和孩子一起建立专属的错题原因清单。以下是我和三年级的儿子一起整理的，属于他的错题原因清单。

1. 抄错答案（计算正确但抄写错误）或忘记抄写答案。

2. 看错符号（把加号看成减号）。

3. 没有计算完整（有多种情况，但只计算了一种）。

4. 没有列竖式。

5. 没有读完题目就匆匆作答（题目理解不全面）。

6. 题意理解错误（有迷惑信息）。

7. 没有将单位换算为同一种。

8. 没有标注进位／退位符号（或标错位置）。

9. 没有画图作为辅助思考的工具，只凭感觉做题。

10. 漏题。

除了整理错题原因，我们还可以和孩子一起讨论，针对某个类型的错题原因，可以怎样避免和改正，比如建立一套行之有效的检查策略。这个清单还可以随着孩子年纪的增长不断更新，孩子只有知道了自己的错题原因，才能清楚地知道该如何去改正。

所以，"粗心、马虎"这样的标签是针对人的身份层面的，而分析和整理错题原因是针对行为层面的。

我们真正要做的是帮助孩子在行为层面纠正错误，而不是在身份层面给孩子贴标签。

正面标签给孩子带来的影响

那么，给孩子贴正面标签有什么影响吗？

我对此有切身体会。

有一次在线下工作坊，作为志愿者，我的后背被贴上了一个标签，其他父母可以针对我后背上的标签对我做出评价。我听到了下面这些话。

"你简直太聪明了！这次考试这么轻松就拿了 100 分！"

"你真聪明！妈妈为你骄傲！"

"你从小就聪明，果然没让我失望！"

听到这样的"表扬"，我一点也高兴不起来。我的头脑中冒出了以下几个念头。

第一个念头：难道你就没看到我一直在努力吗？

第二个念头：如果我没考到 100 分，就代表我不聪明了吗？

第三个念头：我真的有那么聪明吗？

事实上，没有人会一直考 100 分。当遇到难题，或者考试失利时，身上贴着"聪明"标签的孩子往往会为了维持自己"聪明"

的形象而羞于求助，因为求助意味着自己"不再聪明"了。

他们也不愿意通过努力来寻求改变，而会自怨自艾，认为自己不够"聪明"。

结果就是，这样的孩子容易自我放弃，被困在正面标签的思维框架里，限制了自我发展。**这就是典型的固定型思维，即相信自己的能力、智力和天赋都是固定不变的，即使努力也无法改变现状。**

除了思维的局限，正面标签还会给孩子带来压力。问问"别人家的孩子"就知道了，为了成为"别人家的孩子"并保持这个标签，他们承受了多大的压力。

一直让父母引以为傲的"别人家的孩子"，一旦失败了会怎样？这样的压力会在孩子面对挑战时引发巨大的焦虑，以及对失败的恐惧。他们不允许自己失败，一个小小的失误都可能成为"压死骆驼的最后一根稻草"。

有时，父母会通过给孩子贴正面标签的方式来表达自己的期待，但这样的方式也会忽略孩子的真实感受。"你最擅长交朋友了！""你一向都能搞定！""你最懂事了！"……这些话看起来是在鼓励孩子、试图帮助他们树立信心，却忽略了他们的情绪感受、内在的需求以及他们需要的帮助。

正面标签还会成为孩子自由发展和探索的限制。"你在足球方面很有天赋！""你很有艺术天分！""你很有语言天赋！"……

孩子会努力让自己符合这些标签，始终待在自己的舒适区，或一直迎合父母，而放弃进行更多的自我探索。

事实上，每个人的人生都有无限可能，每个人都有机会全面发展。父母要为孩子提供更多的空间去了解自己，而不是用一个个标签剥夺孩子前进的动力。

◉ 觉察日记

　　1.回想一下，你曾经被贴上过什么样的标签？这些标签对你产生了什么影响？

　　2.你曾经在什么场景下给孩子贴过标签？如今看来，你怎样理解当时的场景？

| 第四节 |

比较：孩子的问题，父母做了哪些"贡献"

"怎样让我妈妈不再拿我和其他人作比较呢？"

这是一个七岁女孩问我的问题。

在生活中，比较无处不在。我们小时候被拿去和别人作比较，现在成了父母，也免不了会拿自己的孩子和别人的孩子作比较。

可能连你自己都没意识到，我们经常会拿自己孩子的劣势，和其他孩子的优势进行比较，可在这种情况下，无论怎么比，孩子都是"差"的，父母都是不满意的。

前文提到，孩子最早是通过父母的眼睛来认识自己的。总是被拿去和别人作比较，孩子会逐渐相信自己样样都不如别人，于是慢慢在比较中失去了自信。

很多暂时性的行为表现也会被固着下来，变成"问题"；而原本的闪光点，就被掩盖住了。

总是忍不住比较，其根源是什么

儿子两岁半时，他的一个玩伴喜欢上了滑步车。爸爸妈妈带着这个小朋友"南征北战"，参加了很多比赛，也拿了很多奖。

当时我的内心中就有一个声音："两个孩子年龄相仿，别人能做到的，我儿子也一定能做到。"于是，我也开始带着儿子参加滑步车的活动。但是儿子对滑步车没什么感觉，好像对他来说，参加活动是一种痛苦。

几次之后，我开始自我觉察。一个内在的声音说："我的孩子不如别人，我不够好，我不是个好妈妈，我是个失败者。"

面对其他孩子的优秀，我忍不住开始拿自己的儿子作比较。

事实上，在比较的那个当下，我的"身份焦虑"被激活了。其他孩子的优秀，激活了"我不够好""我不是个好妈妈"的身份认同。我内在的羞愧感逐渐增强并难以抑制，通过比较转化成了对孩子的攻击。只有这样，我才能好受一点。

那一刻，对我来说，好像只有我的儿子也和别人一样优秀，他才是好的。而只有他是优秀的，才能证明我是个好妈妈。

但事实果真如此吗？当我安定下来，静下心去看我的儿子，我知道他只是不喜欢滑步车而已，他也有自己的闪光点。**别人很优秀，那样很好；而我的儿子，他这样也很好。**

在日常生活中，别人的优秀无处不在，经常会唤醒我们内在关于"失败"的自我认同。

朋友的孩子考了高分，而我的孩子刚及格；

班主任公布了全班的成绩单，一半以上的孩子都得了 A，而我的孩子却得了 C；

她常常展示自己的生活，充实又美好，而我每天只能围着孩子转；

她优秀又闪耀，升职又加薪，而我却平凡又自卑，终日停滞不前……

小时候的同伴关系，会影响我们在关系中的自我认同，这样的影响会延伸到我们成年以后的关系中，更会延伸到我们为人父母后看待孩子的方式。

开启自我觉察，可以帮助我们成就更好的自己，成为心智成熟的父母。

除了"优秀"，"标准"也成了我们比较的根源。

很多父母都对孩子有"成长焦虑"，试图通过将自己的孩子与其他同龄的孩子进行比较，来确认自己的孩子是不是"达标"的。

这些外在的声音为孩子的生长发育确定了一个"标准"，一旦孩子不符合这个"标准"，就会成为被比较的牺牲品，同时也承载了父母的焦虑。

而事实上，每个孩子都是独一无二的，他们有自己的成长节奏，有自己的兴趣爱好。

081 • 第二章 妈妈的限制性信念：觉察潜意识的控制

父母的养育是为孩子提供必要的支持，让孩子按照自己的节奏成长为他想成为的样子，而不是用比较掩盖住孩子的闪光点，打击孩子的自信心。

别人家的孩子，和你想得不一样

别人家的孩子，他们真实的样子和你想象中的样子是一样的吗？我们来换个视角，到"别人家"去看一下，那个被用来比较的"优秀"的孩子，到底是什么样的。

第一，别人家的孩子，和你的孩子一样，有优点，也有不足。

你看到的，只是展示出来的一部分，并非生活的全貌。如果你拿自己孩子的不足和其他孩子的优点比，怎么比都不占优势。

真实的生活是一个整体，每个家庭都有岁月静好的时刻，也有一地鸡毛、鸡飞狗跳的时刻。每个孩子在成长过程中都会面临各种各样的挑战，不同的是我们应对这些挑战时的心态。

第二，优秀的孩子背后，往往都是优秀的父母。

你只看到了别人家的孩子有多优秀，却忽略了别人家的父母在背后付出了多少努力。

你看到的是：别人家的孩子钢琴过了十级，喜欢阅读，英语水平很高，写字苍劲有力；你看不到的是：别人家的父母每天陪伴孩子练琴，接纳孩子的情绪，几年如一日地陪孩子进行中英文阅读，和孩子一起练字……

此外，别人家的父母积极学习儿童心理学，了解孩子的发展特点，帮助孩子解决成长过程中的问题，而不是只把孩子当成问题来解决。

从某种意义上讲，孩子在技能上的优秀表现，大部分是后天习得的，考验的是父母的坚持。

第三，**优秀的孩子，其实承担着你可能无法想象的压力。**

许多优秀的孩子，为了维持和证明自己的优秀，每天都生活在压力中。

他们无法接受自己不优秀，始终处于精神紧绷的状态，一旦出现失误就无法原谅自己，容易陷入自责情绪。

一位爸爸为了让孩子保持优秀，所有的课程都是他自己先学习再教给孩子的。只要孩子一次没有评上优秀，爸爸就会非常紧张，及时和孩子一起复盘调整。他每天和孩子聊天，都会让孩子去观察和学习其他孩子的优秀做法，这样孩子就能更加优秀了。

这个孩子在上小学之后出现了严重的不适应。她每天在学校里小心谨慎，表现可圈可点，经常被老师表扬，但是回家之后经常因为一点小事就情绪爆发。

爸爸经过学习才知道，孩子一直处于精神紧张的状态，于是他及时进行了调整，每天放学后都会带孩子做户外运动，及时给孩子做情绪疏导，让孩子学会放松。

所以，如果你家有个优秀的孩子，比起维持优秀，更重要的是教会孩子如何放松。

那么问题来了：是不是只有变得优秀，我们和孩子才是"好"的呢？

在一次心理成长团体交流中，我的心理老师对我说了这样一句话："**你不必很优秀，你就这样就很好；你的孩子也不必很优秀，就这样就很好**。"

那一刻，我突然意识到，和很多父母一样，我的身上背负着"只有我是优秀的，我才是好的"这样的压力。而我也需要和这份压力好好相处，照顾好背负着它的自己，这样才能不把这份压力转移到孩子身上。

是的，我不必很优秀，我这样就很好，你也一样。

父母是创造孩子问题的"合作者"

让我们把关注点放回你的孩子身上。为什么他在你眼里好像到处都有问题呢？

孩子刚出生时，他在父母眼里就是全世界最可爱的孩子。可随着年龄增长，孩子身上的问题却越来越多。这些问题是从哪里来的呢？

其实，孩子的这些问题，父母也是做了"贡献"的，主要表现为以下几种情况。

第一种：把孩子正常的发展性行为，定义为问题行为。

比如，一岁半以前的幼儿喜欢把手放到嘴里，他们是通过嘴巴来感知世界的，所以看到什么都会想放到嘴里"尝一尝"。吃手是孩子探索世界的正常方式，却会被定义为"坏习惯"。

比如，孩子有一段时间特别"执拗"，出门一定要自己按电梯按钮，睡前一定要先听故事再洗漱，吃饭一定要用自己的专属勺子，否则就会发脾气哭闹。这其实是孩子在秩序敏感期的正常行为，他们不是在故意闹脾气。

不同年龄段孩子的父母经过交流会发现，很多孩子小时候看起来有问题的行为在长大几岁后就不再是问题。所以，绝大多数孩子的"问题行为"，其实都是发展性行为，会随着孩子的年龄增长而消失。

第二种：把孩子不符合自己期待的行为，定义为问题行为。

所谓"叛逆""不听话""不合群"，都是站在父母的视角对孩子的评判。

父母希望孩子能够按照自己的想法做事情，比如：要先写作业再玩，要多吃蔬菜，做事情时要从更难的事情做起，要上钢琴课而不是孩子喜欢的足球课，还要主动交朋友，遇到事情不能哭，见到邻居要主动打招呼……否则，孩子的行为在父母眼中就是问题行为。

总之，只要孩子想按照自己的意愿和想法做事情，就会被定义为"有问题"。

第三种：把孩子和别人不一样的特质，定义为问题。

有时，你的孩子只是和其他孩子有些不一样。当这份不一样不被父母接纳时，就变成了问题。

比如，有的孩子敏感慢热，他只是需要更多的时间适应新的人、事、物。慢热的孩子有自己的优势，他们非常善于观察，心思细腻，安全意识更强，也不太容易受到他人的影响，而父母却没有看到这些。

第四种：父母回应问题的方式，强化了问题的存在。

在面对一些问题和挑战时，父母因为不知道该如何帮助孩子而感到焦虑和无助，于是就把自己的情绪无意识地发泄到了孩子身上，错把需要帮助的孩子当成了问题。

这种情况一般发生在父母和其他人的关系中，父母因为其他人而产生了尴尬、有压力、焦虑等情绪。

比如，孩子和其他小朋友发生冲突时，如果是自己的孩子动手打了人，有的父母会不分青红皂白先把孩子批评一顿，却忽略了虽然表面上孩子是强势的一方，但也许他只是进行了正常的反击。

　　比如，很多父母在面对老师时特别有压力，如果被老师叫去谈话，听到孩子在学校的表现，比如上课注意力不集中、写字不够工整等，父母就会想尽办法解决孩子的"问题"，却忘记了去了解一下，孩子是否遇到了什么困难、需要什么样的帮助。

　　只有带着这些觉察，我们才能看见真实的孩子，支持孩子成为他自己，而不是别人所期待的样子。

觉察日记

1. 从小到大，你有没有被拿去和别人作过比较？
这样的比较给你带来了什么影响？

2. 你觉得自己优秀吗？表现在哪些方面？如果你
的孩子不够优秀，这对你来说意味着什么？

成功：除了成功和失败，人生还有哪些选择

毫无疑问，每位父母都希望养育一个成功的孩子。那么，我们该如何定义成功呢？所谓成功的养育，有什么标准吗？

一位妈妈从小到大都是成绩优秀的孩子，在顺利考入名牌大学之后，每天都泡在图书馆里学习。

有一次考试前夕，她在去图书馆的路上，遇到一位外教老师呼朋唤友地邀请大家加入英语角。这位妈妈很喜欢英语，其实特别想加入，但在当时，考个好成绩对她来说更加重要。于是她还是选择了去图书馆复习。

毕业之后，这位妈妈进入了一家外企，随着职位的升迁，工作对英语口语能力的要求越来越高，她又花了很多时间和金钱专门锻炼自己的英语口语。一想到大学的这段经历，她就后悔不已，她说，如果当初她选择了加入英语角，她的人生一定会有很大的不同。

父母很容易过度重视孩子的学习成绩，认为只有学习好的孩子才是成功的。

如果孩子把全部的时间都用在学习上，就会没有时间交朋友、发展更多的兴趣爱好，以及培养其他能力。

这样的孩子进入大学之后，还是只会和书本打交道。他们不太会维系人际关系，把自己局限在学习中，很难看到更多的发展机会和可能性。不得不说，这也是人生的一种悲哀。

很多学习成绩优秀的孩子，其实内心非常自卑，他们没有要好的朋友，经常觉得自己除了学习什么都不会。

如果父母传递给孩子的关于成功的信念是"只有学习好才是成功的"，孩子就会形成"学业失败等于人生失败"的价值观。除了学习，孩子很难在其他领域发展自我，他的人生道路也会更加局限。

成功经验比成功更重要

其实，一个人对成功的感觉来自内在的自我肯定与自我欣赏，而非外在的评价。能够自我欣赏的孩子不会把自己局限于"学业成绩"这个舞台，他们愿意探索和尝试更多的可能性，也相信自己的人生有更多的展示舞台。

孩子的自我肯定，首先来自父母的肯定和欣赏。如果孩子觉得自己始终无法达到父母的期待，就会产生挫败感，无法拥有成就感，也无法实现自我价值。

所以，父母的欣赏和肯定，对孩子相信自己能够取得成功极其重要。

多少人，终其一生都在寻求父母的肯定。

心理学家威廉·詹姆斯（William James）曾说：**"人性最深层的需要就是渴望别人的赞赏，这是人类区别于动物的地方。"** 而这个"别人"，最重要的就是父母。

在我们小时候，父母会极大地影响我们的意识，父母看待我们的方式，会在潜意识中内化为我们看待自己的"眼睛"。

存在主义心理治疗大师欧文·D. 亚隆（Irvin D. Yalom）在《妈妈及生命的意义》①中提到，在妈妈过世十年之后，他梦到妈妈时依然会大喊："妈妈！我表现得怎么样？妈妈！我表现得怎么样？"可见父母的肯定对于孩子的一生多么重要。

那么，怎样才是发自内心地欣赏孩子呢？

父母要有意识地看见孩子的努力、进步和成长，多给孩子正向的肯定和反馈。 大多数父母更容易看到的是孩子的缺点和不足，并且以"为了孩子好"为名，耳提面命地教育孩子。殊不知，这种方式只是在反复提醒孩子他做得有多差劲。

你看见什么，什么就会被留下来；你反馈什么，什么就会被强化。 你可能会问："孩子明明表现得很差，我对他明明就很不满意，到底要怎样肯定他、怎样给他正向反馈呢？"

---

① 欧文·D. 亚隆. 妈妈及生命的意义 [M]. 庄安祺，译. 北京：机械工业出版社，2017.

　　我曾在社群中带领妈妈们连续 30 天每天观察孩子，同时每天给孩子一个正向反馈。

　　有一位妈妈问我："如果我并不是发自内心地欣赏我的孩子，我还要每天违心地、机械地给孩子正向反馈吗？"

　　这个问题说出了很多父母的心声。不管你是否愿意承认，眼前的这个孩子，可能并不是你自己想要的孩子的样子。

　　如果父母自己很成功、很优秀，就很可能无法接纳孩子的平凡；如果父母觉得自己不够好，就会希望孩子能够比自己"有出息"，可以和自己不一样，变得更成功一些。

　　这些父母还在被外在的"成功标准"所裹挟，并没有看见真实的孩子。

　　只有发自内心地看见你的孩子——"无论你是怎样的，你在我眼里都是好的；你不需要做出任何改变，你就这样就很好"——你才向孩子传递了真正的欣赏和肯定。

　　最后，比起成功，更重要的是帮助孩子创造更多的成功经验。孩子通过努力感受到了自己的进步和成长，有了成就感，产生了内在动力，就想继续努力变得更好。

　　这样的成功经验，并不需要是什么惊天动地的大事。父母只需要帮助孩子在生活和学习中体验到自己不断做到某件事、不断取得进步所带来的成就感就可以了。

　　一年级时，我儿子对数学很没信心。我感受到了他对数学的畏难情绪，但我并没有给他施加压力，而是允许他用自己的节奏去体验学习数学的感觉。

到了二年级，我发现儿子的数学成绩进步很大，三位数的加减法计算也完全没问题。**我向儿子表达了我的欣赏："你是怎么做到把数学运算搞得这么清楚的？"**

儿子这才告诉我，在一年级时，他觉得数学真的好难，10 以内的加减法还可以，一旦超过了 10，他就经常算错。

我问他："那你现在的感觉呢？"他说现在觉得很简单。

我继续肯定他："你看，你靠自己的努力把数学基础运算都搞清楚了，看来你也很擅长数学嘛！"

从此以后，他对数学的信心增加了很多，不再有畏难情绪了。

其实，他的数学成绩并不拔尖，很少能考到满分，算不上传统意义上的"成功"。

但对我来说，他用一年的时间建立起对数学的信心并学会了自我肯定，这才是真正意义上的成功。这样的成功经验将来会迁移到他人生中的方方面面，比他当时考到 100 分更有价值。

在此过程中，我对孩子是完全信任的。我相信他可以搞定数学；我允许他慢一点，而不急于看到一时的成绩；我把学习数学的主动权给了他，由他自己来决定对"难度"的感受，而非想当然地认为"一年级的数学很简单"。

孩子是因为对自己感觉好，才会做得更好的。这样积极正向的自我感觉，才是真正助力孩子取得"成功"的宝贵资产。

不是所有的鲤鱼，都需要跳过龙门

很多妈妈为了让孩子取得好成绩，付出了比孩子更多的努力。比如，替孩子制订学习计划、预习、复习、整理错题、研究解题方法……

但好像妈妈做得越多，孩子越讨厌学习，成绩反而越来越差了，与妈妈心目中的"成功"相去甚远。

这些妈妈很不理解：我明明都是为了孩子好，可孩子却不领情！于是对孩子越来越失望。

在很多妈妈眼里，好成绩意味着孩子有更高的起点，也有能力做出更好的选择，以后的生活可以更精彩一些。

这里体现了妈妈的两个"认为"——

第一，妈妈认为，好成绩可以让孩子的未来更确定一些、让孩子距离成功更近一些；

第二，妈妈认为，自己的生活有很多遗憾，不够精彩，所以希望孩子比自己过得更好。

而如果孩子成绩不好，则意味着其未来更加不确定，这个不确定是妈妈无法承受的。所以妈妈希望孩子在当下可以更努力一些，争取更多的确定性。

对成功的渴望背后，隐藏着对不确定的恐惧。当这份恐惧无处安放时，就会转化为妈妈当下对孩子的控制，而这样的控制还

有一个冠冕堂皇的理由："我都是为了你好。"

但是，妈妈的控制和要求，传递给孩子的是不满和失望，孩子觉得自己不被理解，就会更加反感妈妈的建议，于是进入恶性循环。渐渐地，孩子会相信"原来我真的不行"，这反而与妈妈的期待南辕北辙，也限制了孩子的成功。

电影《学爸》中，单亲爸爸雷大力为了让六岁的儿子有更高的人生起点，想尽办法让儿子上名校。

可名校之路何其难，经历了一堆糟心事，却始终无法叩开名校的大门，儿子小米越来越觉得"我不行"；当感觉距离名校更近一些时，爸爸把"我不行"改成了"我还行"；可见，爸爸相信，只有上名校才能让儿子比自己更有出息，才能证明自己是个有用的爸爸。

好在，电影的最后，看着向面试官求情的儿子，爸爸幡然醒悟。爸爸说的这段话，值得每位父母细细品味——

"很多父母都想给孩子一个更高的起点，或更好的未来。可能是输惯了吧，太想赢了，其实当爸妈的都一样，都拼命踮起脚尖，想把娃举得更高些。但好像我明白了，他的人生跟我们想要给的人生可能不是一回事。他的人生应该自己一步一步走出来。"

是啊，其实成功有很多种定义，人生也有很多种选择。

不是所有小鲤鱼都需要跳过龙门，这个世界上有江河湖海，只要是它想去的地方，总有一湾水能让它好好活着。

相信我们的孩子，都可以找到属于自己的那一湾水。

成功就是，把热爱的事情做到极致

很多父母对教育的认知是极端化的，认为孩子这一生就像千军万马过独木桥一样，要么在巨大的压力下走过独木桥通往"成功"，要么被挤下独木桥通往"失败"，此后一生碌碌无为。

其实，他们对于"成功"的定义是狭隘的、单一的；他们忽略了，除了桥上桥下，路边还有无数美丽的风景。从某种意义上讲，成功的定义是个人化的。

正如蔡志忠老师所言："一个人要选择自己最拿手、最喜欢的事，把它做到极致，无论做什么，没有不成功的。"父母如果真的望子成龙，就不要要求孩子去做什么，而要帮助孩子实现他的梦想。父母是弓，孩子是箭。父母能做的，就是尽力拉开弓，让箭朝目标飞驰。

蔡志忠老师从小立志要当漫画家，15 岁便离开家乡去中国台北的一家漫画社工作，对于他的决定，蔡家父母只说"好"，从不干涉他的选择。

所以，**支持孩子找到自己热爱的事情，才是父母的教育真正要做的事。**

那么，父母该如何帮助孩子找到自己热爱的事情呢？答案是多体验、多选择，允许孩子选择，也允许孩子放弃，不为其人生设限。为孩子提供他需要的支持，而不要逼迫他成为父母想让他成为的样子。

朋友的儿子喜欢音乐，学钢琴四年，却越来越讨厌钢琴，每天练琴对他来说就像是"炼狱"。一开始孩子对音乐有种单纯的喜欢，可后来，母子之间会因为每天练琴多长时间、一首曲子要弹多少遍、某一个音弹得准不准而发生冲突。

儿子已经明确表达不想继续弹琴了。但是，对妈妈来说，他已经学了四年钢琴，怎么能半途而废呢？如果放弃了，这四年的付出不是白费了吗？

但其实，放弃钢琴并不意味着放弃音乐。

这位妈妈经过激烈的思想斗争，最后还是同意了儿子的请求。后来，一个偶然的机会，让儿子喜欢上了架子鼓。这一次，妈妈没有着急给儿子报班，而是给他提供了一种环境，让他对音乐的热爱在打架子鼓的体验中得到延伸。

父母该怎样支持孩子热爱的事情呢？

音乐人大张伟在一次综艺节目里提到过妈妈对自己的支持。

马上要中考了，妈妈问他："你是要考重点高中还是继续弹琴？"他说，想要弹琴。妈妈就去对老师说："我儿子就想弹琴。"

妈妈没有预设"不上重点高中就一定不会成功"，而是无条件地支持儿子的选择，用行动支持儿子。她给了儿子充足的空间，让他去做自己热爱的事情。

　　当然，并不是所有孩子都能以自己热爱的事情为职业，但是，**当一个人被父母支持着去做自己热爱的事情时，他会有更多的心理能量去做那些自己不那么喜欢却不得不做的事情。**

👁 觉察日记

　　1. 你对成功的定义是什么样的？你如何看待自己？你觉得自己在哪些方面比较成功？

　　2. 你的孩子是如何看待自己的？你可以做些什么，来帮助孩子积累成功经验？

第三章

妈妈的支持体系：
主动寻求帮助

学会示弱：别再逞强，"女超人"不是褒奖

和老公吵架时你从来不会示弱，总是倔强地想要证明自己是对的。

总是被家人说你有些强势，不接受别人说自己不好或者不对。

吵完架之后，即使意识到是自己错了，你也绝对不会主动道歉。

有时感觉有些话伤感情，不该说出口，但你还是忍不住。

上面列出的这几条，如果你也"中招"了，那么恭喜你，你可能也在"逞强"。女性在成为妈妈之后，既有了软肋，又有了铠甲，似乎成了无所不能的"女超人"，可以搞定一切。

在我看来，所谓"女超人"并不是对妈妈的褒奖。有时候，我们只是缺少支持。

在十月怀胎的谨小慎微间，我们和肚子里的胎儿朝夕相伴、心灵相通，建立了深厚的联结；孩子出生后，因为身份角色的增加，我们需要适应各种变化带来的不适感——从身体到精神，从工作到生活。

这一切，没有人能够真正完全理解。

出于对孩子那份无可替代的爱，我们不得不让自己穿上铠甲，变得强大。

但很多人都忽略了，在铠甲之下，妈妈也有自己的脆弱，有自己的情绪和需要。当我们的情绪不被看见、需要得不到回应时，渐渐地，我们就习惯了压抑自己。这份强大也可能会从亲子关系迁移到夫妻关系和家庭关系中，让妈妈在家庭中逐渐活成一座"孤岛"。

爸爸是怎样被边缘化的

有一种说法叫作"丧偶式育儿"，指的是在很多家庭中，妈妈承担了大部分的养育责任，而爸爸的角色是缺失的。这一方面看起来是对爸爸较少参与家庭生活的一种批判，另一方面也揭示了一个现状：爸爸在家庭中没有存在感。

孩子的到来，使得一个家庭系统的平衡被打破，"丧偶式育儿"的状态是原有平衡被打破后建立起的一种新的平衡状态。

那么，这个状态是如何形成的呢？我们可以通过以下几个场景来理解。

场景一：妈妈抱怨爸爸不管孩子，但是当爸爸以自己的方式参与育儿时，却总是被妈妈指责。妈妈的期待往往是："你要么别干，要么就得按照我说的来。"于是，总被指责的爸爸不堪其重，干脆当起了"甩手掌柜"。

场景二：爸爸妈妈在某个问题上理念不一致，产生了冲突。孩子观察到这一点后，不自觉地和妈妈建立了同盟，共同"反抗"爸爸。爸爸在孩子面前丧失了权威地位，说什么也不管用，就渐渐地开始不作为。孩子和妈妈过于亲密，却忽略了爸爸。

场景三：家里有老人帮忙带孩子，遇到问题先是老人冲上去，然后是妈妈冲上去，爸爸完全插不上手，觉得这个家并不需要自己。于是爸爸经常加班，给自己安排更多工作，在家庭以外寻找自己的存在感。

场景四：女性在成为妈妈之后，每天在多个角色之间来回切换，为了扮演好妈妈这个角色，其他角色的空间不断被挤压。其中，妻子角色的缺失，成了"丧偶式育儿"的根本原因，妈妈对孩子的关心和爱永远排在首位，对她来说，老公成了可有可无的存在。

于是，爸爸在整个家庭中不断被边缘化。而真正的问题是，爸爸和妈妈没有站在一起，爸爸被无意识地推到了家庭以外。妈妈独自承担起家庭责任，一边抱怨没有人帮助自己，一边强大地一个人扛起所有。

但其实，夫妻关系才是家庭关系的"定海神针"：先有好夫妻，才有好父母。

妈妈的痛苦来自安全感缺失

在学会放过自己之前，我们先来看看妈妈的许多痛苦是从哪里来的。

成为妈妈之后，我们的身上多了一份责任。因为想给孩子最好的一切，所以我们一直在全力奔跑、拼命努力，从来不敢放松。一旦稍微休息一下，心中就充满了负罪感。

这份紧绷感的背后伴随着强烈的不安全感。妈妈内心的不安全感越强，她就越想掌控一切，凡事都要亲自上手，不相信任何人能比自己做得更好。无须催促和提醒，妈妈就像上了发条般高速前进，完全停不下来，不敢休息和放松，更不敢生病，否则就觉得自己不是个好妈妈。

把这份紧绷感投射到孩子身上，妈妈会希望孩子更加努力地学习，在学校好好表现；投射到老公身上，妈妈则希望老公可以像自己一样主动学习和成长，用"正确"的方法养育孩子；投射到工作上，不论自己取得多大的成就，它带来的成就感总是转瞬即逝，而妈妈的内心仍然充满不安。

我们不仅对自己有高要求，而且对身边的人也会不由自主地有高要求。**这些高要求的背后，通常隐藏着巨大的恐惧。**我们被内心的恐惧挟持，伪装得很强势，但也只是为了掩饰内心的脆弱。

而面对问题和挑战时的自动化反应，并不能真正解决问题。到头来我们会发现，越努力，却越无力；越用力，却越消耗。那些外在的东西，越想抓住，就越会离自己远去。自己付出的努力和习惯性解决问题的方式反而强化了问题的存在。

而那些不断被压抑的真实需求和想法、被隐藏起来的愤怒和委屈，也迟早会爆发出来。

那么，我们可以怎么做呢？

首先，学着放过自己，直面内心的恐惧，觉察不安全感的来源。与直面恐惧相比，努力奔跑、维持现状、抓住当下能抓住的东西，反而是更容易的选择。

放过自己的第一步，就是停止奔跑，去面对自己的恐惧感，直面自己心中最害怕的东西。这些让你害怕的东西，往往只是内心的恐惧感让你想象出来的，并不是客观事实。

当你的不安全感又跳出来影响你的时候，试着问自己以下几个问题，它们可以帮助你分辨清楚，你面对的到底是现实还是你的想象。

1. 让我觉得不安全的是什么事？

2. 当我感到不安全时，真正让我害怕的是什么？

3. 我由此还联想到了什么？这份害怕还可能和什么有关？

4. 我有什么应对方法？

这些问题帮助我们把恐惧"外化"，将它从我们的身体中剥离出来。通过回答这些问题，经过不断的刻意练习，我们可以逐步找到不安全感的来源，直面自己内心的恐惧。

很多时候，我们的恐惧来自对未来的不确定。但在生活中，不确定性才是常态。当你排斥这种不确定时，其影响力往往会被放大，也更容易被固着在你的情绪中。

但是，如果你带着主动敞开的心态，拥抱不确定性，你就会修炼成内心越来越强大的自己。把每一个挑战都当作成长的机会，只有你的内心变得更强大了，你才能真正和不确定性好好相处。

其次，觉察自己的自动化反应，调整应对问题的方式。 如何打破自动化反应？你可以想象一个曾给你带来挑战的场景，回到那个场景，问问自己：当时发生了什么？我的第一反应是什么？我当时是怎么处理的？我们可以从以下三个角度开启自我觉察。

1. 当时我是什么感受？

2. 我为什么会有这样的反应？我希望达到怎样的目的？

3. 我这样做有没有达到自己想要的效果？

客观真实地面对自己头脑里的念头和想法，观察你的念头升起、漂浮、落下，然后再升起、漂浮、落下。在这个过程中，你要做的只有观察，不干预、不阻止、不强化，允许一切自然发生，自然来去。

你的每一种情绪都有价值，每个念头都有意义。你要学会聆听内心的感觉和需要。只有自己被看见和满足后，你才有能力直面并处理好内心的恐惧，与这个世界和谐相处。

面对问题，你还有很多种选择

妈妈这个角色所带来的，可能不仅仅是妻子身份的缺失，更是自我身份的缺失。

好像我们成了某个人的妈妈，就不再是自己，"我"变得没有那么重要了。除了把自己定义为问题的解决者，独立承担一切责任，在问题面前，其实我们还有很多种选择。

比如，要学会和问题共处，不是所有的问题都需要一个答案。我们要承认，我们不是每次都能想出解决方案，也不是所有问题都能真正得到解决。不论是面对工作、孩子，还是生活，我们要做的，都是找到和问题共处的方式。

比如，要增加灵活性，凡事不是只有一种解决方案。接纳别人的不同，允许别人用不同的方式解决同一个问题。与此相对应的是，不是所有事情都需要分出对错。放下你的坚持，也给其他人一个机会，逐步让边缘化的爸爸回归原本属于他的位置。

比如，要学会示弱，可以主动寻求支持。寻求支持，意味着你可以停下来面对自己内心的恐惧，接受更多的不确定性，拥抱每一份不确定背后可能隐藏的资源和潜力。这是一种内在力量的体现。

这需要我们把更多的时间和空间留给自己，学会重视自己。这对妈妈来说并不容易，需要经年累月的觉察和坚持。

　　落实到生活中，就是通过每一个挑战发生的场景，不断地进行刻意练习，提高对自己情绪和需要的敏感度。从自己的情绪感受开始，仔细觉察自己的每一次起心动念，从每个自动化反应中跳出来，并练习新的应对方式，这样改变才会发生。

👁 觉察日记

1. 在生活中，你有没有感受到自己的内心产生了不安全感的时刻？结合本节内容梳理一下，你的不安全感来自哪里？

2. 面对问题和挑战，你会主动寻求帮助吗？如果从今天开始做出一点改变，你可以从哪里开始？

| 第二节 |

资源视角：主动停战，家庭是港湾不是战场

夫妻关系是一个家庭的核心。夫妻双方的沟通是否顺畅，会影响一个家庭的氛围，进而影响孩子的健康成长。但夫妻之间的冲突是不可避免的。

夫妻双方养育理念有冲突，隔代养育也会引发家庭冲突；

夫妻中的一方承担了几乎全部的养育责任，另一方充满委屈和抱怨；

在沟通的过程中，两个人总是忍不住翻旧账，最后不欢而散；

即使对方说的有道理，自己也并不想让步；

哪怕是自己错了，也不好意思道歉……

有的夫妻一辈子吵吵闹闹，但是越吵越亲近；也有的夫妻在吵吵闹闹中渐行渐远，同在一个屋檐下，却在心里竖起一座高墙，成了最熟悉的陌生人。

可以思考一个问题：如果要改善夫妻关系，你觉得双方各需要负多少责任？

大部分人的答案是：一人一半。

抱有这个想法的人，内心还在期待着改变对方。但其实，只有当我们愿意为改变承担起百分之百的责任时，改变才可能会真正发生。

在婚姻中，好好说话有多难

面对冲突时，两个人虽然很想好好沟通，最后却总是不欢而散，连好好说话都很难做到。这到底是为什么呢？我们先来还原一下夫妻之间可能的沟通模式。

1. 给建议：你可以这样做、那样做……

2. 批评、指责：你这样做不对，可能会造成……的影响；

3. 揣测：你总是这样，你就是因为上次……

4. 发文章链接：提示一下对方，希望对方看了文章可以"大彻大悟"；

5. 争辩、讲道理：人家老师都说了，你应该……

这些"沟通"方式都是在试图"解决问题"，并且试图证明一件事：你是错的，我才是对的。

带着"证明对方是错的"这样的意图去沟通，结果可想而知。这样的沟通是无效沟通，带给对方的是被批评和指责的感觉，还有强烈的不信任感。此时哪怕你说的话是真理，对方的感受不好，也接收不到。

111 • 第三章 妈妈的支持体系：主动寻求帮助

所以，好好说话的第一步，是调整我们的沟通目标。家是一个表达爱的地方，而不是一个讲道理、分对错的地方。

夫妻之间想好好说话，就要考虑到自己的沟通方式带给对方的感受。放下指责、批评、不信任，让对方感到被看见、被鼓励、被信任，这样才能做到有效沟通。

可以使用"三明治沟通法则"：第一步，肯定对方；第二步，提出自己的想法和建议，可以适当地提供一个案例；在得到回应后再进行第三步，再次肯定对方。这个方法可以应用在所有关系中。

有些妈妈可能会说，"我很难去肯定对方"，尤其是如果夫妻关系僵持已久，想去突破并不容易。

好好说话的第二步就是放下改变对方的期待，从自己做起，主动承担起百分之百的责任。夫妻之间的僵局，总要有一方先来打破。很多妈妈听了我的建议，从自己做起，开始改变。她们告诉我，当自己真的开始关注对方这个人、看见这个人，而不是着急解决问题或指出对方的不足时，很多变化就在悄悄发生了。

做出这样的改变并不容易，妈妈会受到自己情绪的影响。

一方面，在夫妻关系中，如果长期不被看见和重视，累积已久的委屈和愤怒就会让妈妈很难做到看见对方，这其实是夫妻之间情感银行账户的"存款"亏空已久的表现。

此时，有意识地在账户中放入新的"存款"很重要。主动肯

定对方、看见对方的优点，就是一种有效的"存款"方式。需要注意的是，这个账户被忽略已久，里面很可能已经是负资产了，想要解决问题，你需要先把过去的亏空补上，即需要先把横在你们中间的"情绪垃圾"倒空。

此外，美国知名婚姻辅导专家盖瑞·查普曼（Gary Chapman）博士介绍过五种爱的语言，**包括肯定的言辞、精心的时刻、礼物、服务的行为和身体的接触**。花时间了解自己和另一半的爱的语言，更有效地向夫妻情感银行账户中"存款"，会让我们有更多的资源和视角去解决夫妻冲突。

另一方面，很多妈妈心有不甘："凭什么要先改变的那个人是我？！"或者认为自己已经做出了很大的改变，但对方却依然我行我素。

当你有这些想法时，试着停下来和这些想法背后的情绪一起待一会儿，看看这些情绪都是什么，比如委屈、失望、痛苦、无助……这些情绪都是真实的，让它们流淌一会儿吧。只有当你在充分体验过它们之后走出了这些情绪、活出了自己，周围的人才会因你而变。

然后你会发现，不知道从什么时候开始，好像问题已经不是当初的样子了。**其实不是这个问题变了，而是你看待问题的视角和眼光变了。**

有一位爸爸在"妈妈力"平台学习多年，其他妈妈一直很好奇，他是如何走上自我成长的道路的。让我们来看看他的心路历程。

几年前，他和老大的亲子关系始终很紧张。一开始妻子也会抱怨他，对他有很多不满。渐渐地，他的妻子开始学习和自我成长，不知道从什么时候开始，妻子已经不怎么抱怨他了，给了他很大的空间。

他眼看着妻子一天天变化，她变得越来越放松，和孩子的关系也非常融洽，每天把自己打扮得漂漂亮亮的，总是在忙自己的事情，不再关心他说什么或做什么。这位爸爸反而开始着急了，自己主动开始学习和成长，并且甘之如饴。

我们要认清一个现实：我们无法改变他人，能改变的只有自己。只有当我们愿意为改变负起百分之百的责任时，改变才能发生。

当我们自己变了，身边的人会看到我们的变化：情绪更加平和了，接纳度更高了，更加松弛了，更加温柔了……他们也会因我们的影响而改变。

曾经有位妈妈问我：怎样能判断出我是发自内心地接纳了自己的情绪，还是压抑了情绪呢？

这个问题特别真实地展示出了我们和情绪的关系。我们可以在情绪过去之后，有意识地觉察一下：自己的状态是更好了还是更坏了？再次谈起引发这种情绪的事件时，自己是更加气愤了，还是能比之前更理性地看待了？

持续做情绪功课的价值在于，也许未来再次发生类似的场景，我们的情绪还是会被触发，但渐渐地，情绪爆发的频率和强度都在降低。所以，**解决夫妻关系问题的本质，还是要处理好和自己的关系**。

接纳情绪并不是彻底消除心中出现的这些情绪，而是心甘情愿地接受它们并与之共存，和自己的情绪好好相处。

让爸爸多参与，他是资源不是对手

当一个妈妈内心强大，能够为自己的情绪负责，更放松地看待问题时，就可以发现身边有太多可以利用的资源。

善于调动爸爸是一个妈妈最大的智慧。多项研究表明，经常得到父亲陪伴的孩子，长大后更独立，也具有更强的自我调节能力。

正如前文提到的，**妈妈要多给爸爸积极的反馈，减少爸爸参与养育的挫败感**。妈妈要看见爸爸的优点，强化自己希望爸爸重复的正向行为，而不是盯着爸爸没做到的地方。

另外，不要只是抱怨，或者模棱两可地要求爸爸多陪伴孩子，而**要给爸爸清晰明确的指令，告诉爸爸具体要做什么**。比如，请爸爸每天陪孩子踢球 30 分钟；每周六下午陪孩子去图书馆看书；睡前陪孩子玩 10 分钟打闹游戏；等等。

具体要做些什么，可以根据家庭的实际情况决定，**重点不在于陪伴的时间长短，而在于陪伴的质量。**

男性的大脑更喜欢有逻辑、有条理的事情，清晰明确的指令会让爸爸执行起来更容易。所以，想要爸爸陪伴孩子这件事能够落实，还需要妈妈进行有心的安排。

有些事情妈妈要学会偷懒，比如放手让爸爸陪孩子做一些具体的事情，接纳爸爸一开始可能做不好的情况，给他一些发挥的空间。一定要有某项具体的任务是交给爸爸负责的，比如让爸爸陪儿子去游泳、周末陪女儿去课外班等。

有些事情妈妈又不能偷懒，比如提前安排好爸爸具体要做的事情，并且给爸爸打个"预防针"，告诉他过程中可能遇到的问题，以及该如何应对。

这样，前期妈妈需要花费一些时间和精力，不过，一旦步入正轨，妈妈就可以"高枕无忧"了。

除了给爸爸清晰的指令和积极的反馈，还要**发挥爸爸的优势，让爸爸做自己更擅长的事情，这样，爸爸会更有成就感，也会更加愿意参与进来。**

借此机会，让爸爸和孩子培养一个共同爱好。随着孩子年龄的增长，语言的交流可能会显得有些苍白无力。有时孩子在爸爸面前不愿意表达，但是，一起玩游戏、一起踢足球、一起看电影的时光，会内化为孩子心中的力量，让他有勇气面对成长道路上

的更多挑战。

从儿子上幼儿园开始，每周我都会请爸爸独立陪伴儿子一天。

爸爸会陪儿子做一些他更喜欢和擅长的事情，比如一起踢球、一起逛博物馆等。爸爸的知识面更广，会和儿子谈论一些我不常提到的话题，渐渐地，儿子更加依赖爸爸了，爸爸很有成就感，也就更愿意在儿子身上花时间了。

而这一天就是属于我自己的特殊时光，我可以带领读书会、约见朋友、逛街、看电影，或者干脆在家休息，什么也不做。

如果爸爸太久没有和孩子单独相处，很可能会手忙脚乱，不知道如何下手；一起玩游戏时，两个人也很可能会不欢而散。妈妈要提前告诉爸爸，**陪孩子的首要目的是和孩子建立联结，不要总是把联结时刻变成教育时刻，这样只会把孩子越推越远。**

妈妈也要学会倾听爸爸的心声、接纳爸爸的情绪。感受到家庭的温暖和支持，爸爸就会更愿意花时间陪伴家人，也更享受家庭时光。

妈妈是爸爸和孩子关系的调和剂。在孩子的成长过程中，爸爸是观众还是参与者，需要妈妈的调节。

厘清养育价值观，搭建养育团队

还有一个必须要面对的问题就是家庭矛盾，它较多表现为隔代养育的冲突。大部分妈妈只想着寻找解决冲突的方法，却忘了去弄清楚冲突的根源。

在谈这个话题之前，我们先来讨论一个概念——"养育价值观"：关于养育孩子这件事，你最看重的是什么？

你可能会想到你希望培养的孩子的品质，比如自信、乐观、情绪稳定、独立、健康、爱运动、成绩好、有爱心、积极、自律、爱阅读、有责任感等。这些价值观在潜意识中影响着我们在养育中所做的各种决定；我们在养育中产生的很多困惑和纠结，也正是来自我们不同的价值观之间发生的冲突。

已经晚上十点了，孩子还在写作业，你一方面觉得写完作业很重要，另一方面又觉得早睡早起孩子才能身体健康，此刻，你内在的完成作业的"责任"和早睡早起的"健康"两个价值观在"打架"。

此时你如何做决定，取决于你的价值观排序。对你来说，到底是健康更重要，还是责任更重要？可能在不同的状态下，你会做出不同的选择。**价值观没有好坏和对错之分，一切取决于你对自己的价值观是否有足够清晰的了解。**

可以说，**养育的过程，正是不断厘清自己养育价值观的过程。**

很多养育冲突，正是源于我们和他人的养育价值观不同，以及价值观排序不同。

孩子生病了，早上不想去幼儿园，哭闹不止。到底是应该坚持把她送去幼儿园呢，还是接纳她的情绪，允许她不去幼儿园呢？

类似的情景还有，你在家只允许孩子吃健康零食，但当孩子参加集体活动时，其他家长拿出了薯片、可乐这些零食，到底让不让孩子吃呢？

再比如，睡觉时间到了，孩子还在看书，到底是让孩子按时睡觉呢，还是尊重孩子的意愿，让她继续看书呢？

家庭中的冲突也常常源于我们和家人的养育价值观不同。比如，面对前文中那个不想去幼儿园的孩子，爸爸的价值观是**"坚持"**上学很重要，妈妈的价值观是孩子的**"健康"**更重要。

如果妈妈的内心非常坚定，坚信"健康"更重要，同时坚信因为生病而请假，并不影响孩子"坚持"的品质，在和爸爸进行**一致性沟通**后，妈妈就能说服爸爸，让生病的孩子在家休息，从而实现夫妻和谐。

或者，爸爸妈妈可以坐下来，针对这件事做一次"价值观探讨"，梳理一下各自的价值观，分享自己的想法。这个过程，就是"价值观外化"的过程：在彼此理解的前提下，可以商量出双方都能接受的解决方案。

渐渐地，夫妻双方的价值观就可以逐步调和，虽然仍然有不同，但两个人可以正视这个不同，共同寻找解决方案。

其实，每个人所秉持的价值观背后，都有自己的成长印记，也带着自己的恐惧。爸爸看重坚持，可能是因为他自己小时候总是被要求"坚持"，总是被忽略感受，所以他对孩子的感受就缺少了共情；而妈妈的情感更丰富，更能共情孩子生病的不舒服。**对养育价值观的探索，起因是养育孩子，但它更是爸爸妈妈探索自己、自我疗愈的开始。**

隔代养育的冲突，往往也是两代人的价值观不同导致的。

以"孩子吃饭"的冲突为例。对老一辈人而言，吃饱饭是最重要的事。所以，即使要追着喂饭，他们也要让孩子多吃。而作为孩子的父母，我们更希望的是孩子可以独立吃饭、自我管理。

在看到冲突的根源之后，我们就可以换个视角，重新看待这个冲突。

首先，看见行为背后的"人"，对这个"人"有更多的同理心。

当我们从"人"的层面去看见对方，而不只是从行为层面去改变对方时，我们就对冲突有了"资源视角"。这个冲突让我们有机会重新看见对方、改善关系。养育冲突的背后，还是彼此的关系出了问题；关系改变了，冲突也就改变了。

每个人都需要被看见和肯定，我们也要有意识地看见和肯定老一辈的付出。如果一定要向他们提建议，也可以使用"三明治沟通法则"。

其次，面对隔代养育价值观的冲突，我们要为自己的选择负责。

两代人之间的价值观冲突是真实的、客观存在的，我们既然选择了让老一辈支持我们的小家庭，就要学会面对这样的冲突。

如果既要他们"帮忙带孩子的便利"，又要他们"按照我们的方法和理念带孩子"，我们就一定会每天都生活在冲突和内耗之中。选择了请老一辈来支持自己的小家庭，就意味着我们同时选择了要接纳这种价值观的不同。

放下执念，看见对方，才能充分发挥老一辈的优势，搭建养育团队，合理支持孩子的成长。

再次，厘清家庭边界感，真诚一致的表达很重要。

与前文中提到的一致性表达相比，有时候我们碍于面子，表面上客客气气，内心却有很多不满，这样的内外不一致从长远来看并不利于家庭关系的和谐。

可以从觉察、接纳、表达三个角度厘清冲突折射出的自己的价值观，并找到合适的机会真诚直接地表达出来，相信真诚的表达，可以让我们得到老一辈的理解。

最后，要对自己的不满保持觉察。有时候，我们自己在养育中体验到的无力感无处释放，就会转化为对老一辈的不满。所以，时刻对自己的情绪和需求保持觉察，并为自己的情绪和需求负责，可以减少很多不必要的冲突。

　　做一个觉醒的妈妈，生活的许多时刻都是我们觉察和成长的机会。

👁 觉察日记

　　1. 爸爸参与养育，可能会遇到哪些障碍？你马上可以做出的一小步行动是什么？

　　2. 找个合适的时间，和家人一起探讨你们彼此的养育价值观，看看会有什么发现。

自我蓄杯：内心丰盈，是妈妈更是自己

一个人和他人的关系很大程度上取决于这个人和自己的关系。所以，想要和他人建立好的关系，最重要的还是要建立和自己的良好关系，与自己和解并为自己的情绪和需求负责。

当我们开始自我成长时，头脑层面知道要放松，但身体还是常常忍不住紧绷。旧的模式被打破了，新的模式还没有形成，这个阶段是最痛苦的。

除了是妈妈，我们还是自己。想想看，你有多久没有做一些取悦自己的事情了？

很多妈妈家庭幸福、孩子优秀、老公上进，自己的内心却感觉不到真正的快乐。原因很可能是看起来一切都好，她们却唯独没有自己的时间和空间，自我的角色被过度挤压，最终她们忘记了自己真正的快乐和能量来自哪里。

所以，我们需要给自己留出一些时间和空间，做一些让自己心情愉悦的事情。**一个敢于爱自己的人，才能吸引到他人的爱。**

每个人身上都有一个隐形的杯子，这个杯子里面装着爱和联结、快乐和放松、欣赏和肯定等，如果这个杯子是满的，我们就更容易把杯中的东西给出去，去满足孩子和伴侣的需要；但是，当我们带着恐惧全力奔跑、一直保持紧绷的状态时，这个杯子就是空的。如果我们的需求无法被看见和满足，我们就很难去满足他人。

我们无法给出自己没有的东西。所以，爱他人，要从爱自己开始。

妈妈的状态是家庭的"晴雨表"

一个女人成为妈妈之后的常态，是内心很想爱自己，但是又无法真正放松下来。

紧绷的、高要求的自己和想要放松的自己之间不断冲突和内耗，产生了焦虑、委屈和愤怒等情绪，这些情绪如果无法得到释放，就会变成对老公和孩子的苛责。

很多家庭的现状是：如果妈妈心情愉悦，全家人会像她一样放松、快乐；如果妈妈心情糟糕，全家人可能都会"遭殃"。妈妈的状态成了一个家庭的"晴雨表"。

你上一次发自内心地大笑是什么时候？如果你发现已经把自己"弄丢"了，可以从以下几个方面入手，把自己找回来。

舍得给自己花时间，做一些看似"无意义"的、让自己感到快乐的事。成为妈妈之后，我们最突出的感受往往是时间不够用，要分时间给工作、给孩子、给家庭，有点空闲时间还要学习和提升，生怕浪费了一分一秒，唯独没有把时间留给自己。

可如果你把自己"弄丢"了，你已经感受不到快乐，那么你费尽千辛万苦得到的东西其实也失去了意义。记住，你才是自己世界的核心。

找到自己感兴趣的事、让内心得到滋养，才能活出有生命力的自己。当你的内心充满能量时，你就能迸发出更多的智慧和勇气，做事情也更顺利、更容易成功。**让自己的生活更有节奏感，就像弹簧一样，有松有紧才能保持弹性。**

凡事向内看，自我觉察，启动内在觉醒，与自我深度联结。如果一件事情你用了很多方法仍然无法解决，那么很可能是你努力的方向错了。

从今天开始，停止向外求，而是向内看看：你的内在发生了什么？为什么你会如此在意这件事？你的情绪感受是什么？这件事激活了你的哪些内在需求？

当你和自己的内在进行联结并看见自己时，就会发现，每个人都是解决自己问题的专家。最了解孩子的、最了解你自己的，还是你自己。

允许自己的情绪流淌，有意识地释放积压的情绪。很多事情你知道却做不到，都是积压的情绪在潜意识中对我们产生的影响。所以，有意识地释放情绪特别重要。

想要释放情绪，最重要的是有一个接纳和包容的环境。你可以加入喜欢的团体，找到同频共振的一群人，或者为自己找到独处的心灵空间，为自己的内在找一个家庭以外的安身之处。这里说的空间并不一定是物理空间，而是一个你可以完全被看见、接纳和允许的空间。每个人都需要这样一个空间。

妈妈的"五种时间"，重启人生秩序

"趁早"品牌创始人王潇提出了"五种时间"的概念，以区分五种不同的时间属性：生存时间、赚钱时间、好看时间、好玩时间和心流时间。①

如果你觉得你现在的生活一片杂乱，可以使用这个概念来观察自己的生活状态，看看自己当前处在哪种时间之中。

这个概念就像 GPS（全球定位系统）导航一样，能帮助我们清晰地看到：自己当前处于哪种生命状态；我们正在采取的行动是被动接受还是主动选择；我们此刻正在哪里、即将要走向哪里。

只有对自己的状态保持觉知，我们才能主动做出选择，控制自己的行动，活出无限的生命力。

---

① 王潇. 五种时间 [M]. 北京：中信出版集团，2020.

　　结合"五种时间"，妈妈可以从以下几个方面，重构自己的人生秩序，找回对自己生命的掌控感。

　　生存时间指的是一个人做不得不做的事情所用的时间。比如，用来照顾家庭和孩子的时间、做自己不喜欢的工作的时间等。

　　很多妈妈会因此觉得委屈，认为自己付出了很多，家人却不理解。她们已经完全没有了自己的时间，想做出一些改变却因为各种各样的原因无从做起。但真相是，**你永远都是有选择的**。

　　生存时间还可以分为被动生存时间和主动生存时间。被动生存意味着要去做很多不得不做的事情，而**高效完成这些不得不做的事，就可以为自己争取更多的主动生存时间**。

　　比如：你可以有效利用时间管理工具，提高工作效率；寻求他人支持，把一些任务交出去，自己只做最重要的事。当你觉察到自己处于被动生存时间时，你就迈出了走向主动生存的第一步。只有这样，你才能超越生存时间，走向人生的下一个阶段。

　　一位妈妈每天都会陪孩子写作业。为了让孩子更快更好地完成作业，她会手把手地对孩子进行辅导和监督，这种状态从孩子一年级一直持续到了五年级。她本以为孩子长大了可以自我管理，却因为过度代劳，并没有帮助孩子培养出独立完成作业的能力。

　　另一位妈妈从孩子上幼儿园大班开始，就系统地学习了有效陪孩子学习的方式。从孩子一年级开始，她就有意识地放手，让孩子为自己的作业负责。虽然一开始孩子完全靠自己做作业需要花费更多的时间，但到了二年级下学期，孩子就基本可以做到为自己的作业负责了，不再需要妈妈陪伴。

这两位妈妈做出了完全不同的选择，显然后者为自己争取了更多的主动生存时间。

赚钱时间并不是用于赚钱的时间，而是提高赚钱能力的时间。你可以把这些时间用来持续地提高自身的核心竞争力，形成正向循环。对我来说，赚钱能力是我保持内核稳定和安全感的来源。

我在外企工作时，第一次听说了核心竞争力这个词。如果把每个人都看成一个"商品"，这个"商品"所能提供的价值，就是我们的赚钱能力。很多妈妈对未来的恐慌和不安，正是来自价值感的缺失。

成为全职妈妈第一年，每天除了陪伴儿子，我还会给自己留出两个小时的学习时间，用于读书和写作，积累家庭教育领域的专业知识。这些赚钱时间支持我实现了职业转型。

我坚信，每位妈妈都可以通过合理规划，实现职业生涯的"华丽转身"。

在赚钱时间里做的事情属于"重要但不紧急"的事情，其优先级很容易被排在后面。赚钱时间对应的是你的目标，是你希望自己未来成为的样子，让你在目标的指引下成为一名长期主义者。那么，你愿意为未来的自己，在现在每天投入多少时间呢？

好看时间对应的是你的生命状态。"好看"不仅仅意味着外表好看，更意味着内外兼修、身心健康，它展现的是鲜活的生命力。作为妈妈的你不要忘了，美也是一种生命力。

好玩时间则意味着保持对这个世界的好奇心，愿意探索未知的可能性。在好玩时间里，你可以一个下午什么也不做，也可以奔赴一场未知的聚会，遇见有意思的人和事。当然，在好玩时间里做的事情，很有可能并不让你觉得好玩，但这种拥抱不确定性的心态很重要。

很多看起来"不重要也不紧急"的事情，就可以成为你在好玩时间里做的"无意义"的事情。好玩时间可以让你变得更有弹性，让你在面对生活时更有松弛感。

心流时间让你全身心投入某件有挑战的事情。在心流时间里，你会忘记时间的流逝，进入一种忘我的状态，体会到内心的幸福感。这种幸福感会增加你对生命的掌控感。

妈妈一定要有意识地为自己创造心流时间。比如，有意识地做一些有挑战的事情，培养自己的某项技能或发展自己的兴趣爱好，并且花时间独处。有时候，在好玩时间里，你可能会与意料之外的自己相遇。

我身边有很多幸福感很强的全职妈妈，她们有的做烘焙，有的练书法，有的画插画，还有的因为陪孩子接受英语启蒙、进行亲子阅读而成为博主，实现了"知识变现"。她们在提升自己的同时，也为孩子树立了榜样。

职场妈妈也可以通过心流时间探索人生更多的可能性，比如，做人力资源相关工作的妈妈可以去学习职业生涯规划的知识，做律师的妈妈可以开办读书会，在企业工作的妈妈可以学习家庭教育方面的知识。

这些妈妈没有时间去焦虑，因为她们把有限的人生活出了无限的精彩。可以说，**让自己幸福是一种能力。**

很多妈妈就是卡在了被动生存时间里，陷入了恶性循环。从今天开始，请你为自己争取主动生存时间、好看时间、好玩时间、赚钱时间和心流时间吧，你在这些时间里做的任何一件事都可能成为打破现状、开启正向循环的突破口。

怎样才是真正的爱自己

在一次线下的父母课堂上，一位妈妈的发言让我印象深刻。

她说，我们都是为了解决孩子带给我们的"挑战"来学习的，经过学习我们才发现，真正需要改变的是我们自己，孩子原本都是好好的。我们自己的焦虑、恐惧和无助无处安放，就把它们以爱之名投射到了孩子身上，而这样的爱对孩子来说是一种束缚。

所以，只有我们学会了如何爱自己，我们才能更好地爱孩子。

　　绝大多数妈妈都是因为孩子才走上自我成长之路的。因为孩子，她们开始看见自己，也重新开始爱自己。但真正的爱自己，并不是单纯地放纵和满足自己的欲望，而是看见自己的真实需求，对自己发自内心地接纳和允许。

　　爱自己的第一步，是照顾好自己的身体和情绪。如果没有健康的身体和健康的心理状态，我们就无法在孩子需要时伸出援手。好好吃饭、锻炼身体、规律作息、有松弛感，都是我们对自己最基本的照顾方式。

　　对自己的情绪保持敏感，看见情绪背后的需要，然后花时间满足自己的需要。带着未经觉察的情绪，我们无法客观理智地面对孩子，而孩子具有吸收性心智，他们会敏感地捕捉到我们的情绪，并将其内化为自己的情绪。

　　自我接纳意味着对自己的看见和允许。允许自己有时会做不到，允许自己有时会犯错，允许自己有时会自我苛责，因为这些都是我们的一部分。带着这些允许走一段路，慢慢地，你就能做到与自己和解。

　　只有真正接纳自己，你才能做到真正接纳孩子。

👁 觉察日记

1. 你在做什么事情时会感到放松和愉悦？安排专门的时间去做这件事情吧。

2. 评估一下：你当前的状态是在使用"五种时间"中的哪一种？接下来你可以从投入哪一种时间开始改变？

第四章

成为孩子的安全基地：
更有勇气和底气

生命底色：被爱的孩子更有安全感

大量研究表明，孩子在生命早期形成的安全依恋关系会影响其日后的人格发展和社会性发展。英国发展心理学家约翰·鲍尔比首次提出了"依恋理论"，该理论被广泛应用于育儿领域。

依恋指的是婴儿与其照顾者（主要是妈妈）之间形成的一种情感纽带。依恋关系的好坏，影响着孩子的自我认知和自我价值感。孩子需要确认：我是被爱的吗？我是被接纳的吗？我可以犯错吗？我可以试试看吗？

有着安全依恋关系的孩子，对以上这些问题的回答都是肯定的。**他们会表现出更强的好奇心和探索欲，以及更强的学习能力、语言发展能力和社交能力；遇到问题和挑战时，他们会表现出更强的灵活性和解决问题的能力；面对挫折时，他们也会有更强的韧性和对抗挫折的能力。**

所以，可以说，良好的安全依恋关系，是孩子发展各项能力的基础。

那么，安全依恋关系是如何形成的呢？简单来讲，安全依恋关系的建立来自父母和孩子在生活中的每一次互动。

当孩子表达了某个需求，父母敏感地捕捉到了这个需求，并及时地回应孩子时，这就是一次有助于建立安全依恋关系的有效互动；如果父母忽略了这个需求，甚至对这个需求进行否定、批评或指责，这次互动就不利于安全依恋关系的建立。

虽然单次的互动并不会决定安全依恋关系的建立，但如果孩子的需求长期得不到父母的关注和回应，甚至长期被批评和否定，孩子就会关闭向父母表达需求的通道，并逐渐形成不安全的依恋关系。

活在当下，全身心和孩子在一起

安全依恋关系的建立，来自重要照顾者（尤其是妈妈）和孩子每天千百次的互动。让我们还原一下，我们都是如何和孩子互动的。

儿子出生几个月后，我成了一名全职妈妈。那时的我对未来充满迷茫，不知道自己的职业发展将何去何从，每天都非常焦虑。

在正念导师丽兹·沃尔海姆（Liz Wollheim）博士的课堂上，一段引导语让我如梦方醒。她说："当你在陪伴孩子时，你的头脑里在想些什么？是超市的购物清单，还是那些未做完的家务？如果你想的是这些，你就没有在当下陪伴你的孩子。"

那一刻，我的头脑中浮现出了和儿子在一起的画面。我恍然大悟：原来，在很多个在儿子身边的时刻，我只是在陪着他，并没有真正在陪伴他。

到底什么才是高质量的陪伴呢？简单来讲，就是全身心和孩子"在一起"，和孩子关注同一件事。**心理学中有个概念叫作"临在"，即让自己处于当下的时刻，专注于当下所做的事情，没有在做其他事，也没有在想其他事，只是在当下和孩子在一起。**

现在请回想一下：和孩子在一起时，你有没有在做其他事情呢？比如打电话、刷手机、做家务，或想着工作的事情？

当孩子喊妈妈时，你是不是下意识地回应："等一下！"如果孩子再喊几次妈妈，等待他的可能会是"都说了让你等你一下！""你烦不烦？""没看见妈妈在忙着吗？"

渐渐地，孩子会从妈妈的回应中得出一个结论：我不重要，我不值得被关注。这就是为什么很多孩子会说，和妈妈在一起时，**妈妈好像是在的，但好像又不在。**这样的陪伴是无效陪伴，并不利于安全依恋关系的建立。

有些妈妈对我说，孩子有什么心事都不告诉她。无论她问什么，孩子的回答都是"还行！就那样！"孩子不再像小时候一样追着妈妈说个不停了，这又是为什么呢？

我们再来回想一下，在"问题"面前，你又是如何回应的？

孩子在学校和同学发生了冲突，你可能会说："你怎么回事，就知道打架，不会和同学好好相处么？""我这一天天够忙的了，你就知道给我添麻烦！"

孩子拿回一张 78 分的试卷，你可能会说："我同事的孩子总是考第一名，你什么时候能争气，让妈妈也在同事面前长长脸？"

孩子犯了错误，正小心翼翼地想办法补救，你却说："你说你干什么能行？每天慌慌张张的，真不让我省心！"

孩子会从父母的回应中得出结论：都是我不好，都是我的错；犯错是不好的，我不能犯错；我是无能的。下次遇到问题，孩子会选择回避、隐瞒，甚至撒谎，而不会向父母求助，因为告诉父母后自己得到的只有批评和指责，而不是理解和支持。

如果留心觉察，你会发现，是我们对孩子的回应，把孩子越推越远。所以，**正是父母对孩子的回应方式，"训练"了孩子和父母的相处方式。**

从事家庭教育工作以后，我接触了大量的父母。他们有的对孩子的未来非常焦虑，每天带着恐惧养育孩子，看不得孩子有一丁点儿的偏差；有的纠结于过去，带着很多的内疚和遗憾养育孩子，很少能够在当下看见孩子。

我们要有意识地训练自己关注当下的能力，从当下这一刻开始觉醒：觉察自己的情绪化反应，看见孩子的情绪和需要。

当我们活在当下时，我们就能读懂孩子向父母发出的信号。

正如美国心理学家玛丽·安斯沃斯（Mary Ainsworth）所言："**父母最重要的事，就是成为孩子的安全基地。**"

如果你去观察在游乐场玩耍的孩子，会发现他们过一段时间就会回头找妈妈，与妈妈眼神对视后继续玩耍，或者玩一段时间就回到妈妈身边待一会儿，好像在"充电"一样，之后会心满意足地继续去玩耍和探索。

这样的模式会一直持续到孩子长大成人，甚至伴随孩子一生。

当孩子确信自己安全时，他们就会敢于探索和尝试，并接受挑战。因为他们确信父母会给自己充分的理解、接纳和支持，遇到任何问题和挑战，他们都可以随时回到安全基地寻求支持。所以，**拥有安全依恋关系的孩子，就拥有了"进可攻、退可守"的勇气和底气。**

安全感，就是父母给的确定感

你可能会说："我每天工作很忙，生活节奏很快，我也很想好好陪伴孩子，可是我分身乏术，真的很难做到全身心地陪伴，那么我该怎么做呢？"

有效陪伴不在于陪伴的时长，而在于陪伴的质量。如果你的工作很忙也没关系，最重要的是把陪伴孩子的时间，写到你的日程表里。

安全依恋关系的建立，重要之处在于父母要给孩子持续、稳定、可预期的回应。即使是工作很忙碌的父母，也可以每周安排固定的时间高质量地陪伴孩子，在这段专属的时间里，给孩子充分的回应和陪伴。如果孩子可以确定，虽然爸爸妈妈工作非常忙碌，但这个时间是属于他的，孩子就会觉得很踏实、很安全。

从某种意义上讲，**孩子的安全感就是父母给的确定感。**

有一位妈妈经过学习了解到，父母的陪伴对于孩子的成长非常重要，但是孩子爸爸常年在外地工作，和孩子相处的时间非常有限，她很担心爸爸的陪伴很少会对孩子的成长造成负面影响。

其实，爸爸虽然不在孩子身边，但仍然可以和孩子保持联结。比如，可以每天和孩子视频通话，创造爸爸和孩子之间的特别时光。爸爸回家时，可以和孩子一起做一些父子专属的活动，比如一起运动和玩游戏等。这样孩子就会知道，爸爸一直都在。

重点在于，父母要学会转换思路，把和孩子相处的时间进行特别安排，写到自己的日程表里，不要因为相处时间少而直接放弃相处。

父母愿意为孩子花时间，还体现在面对孩子遇到的问题和挑战时，父母有更多的耐心，给孩子更多时间，陪他一起去改变。遇到问题时，很多父母特别希望找到一种方法能够立竿见影，马上把问题解决。也正是因为这份着急，让父母只看到了"问题"，而忽略了孩子。可孩子不是一夜之间长大的，问题的解决同样需要时间。

父母只有放下那份着急，才能更好地读懂孩子发出的求救信号，更好地回应孩子的感受和需要。只有这样，才能从根本上解决问题。

父母还要在孩子生命中的不同阶段，对自己的优先级做出调整。孩子的成长是一个过程，他们在不同阶段对父母的需要也不相同。

零到三岁是对孩子的安全感构建非常重要的阶段，这个阶段的孩子需要妈妈更多的陪伴和回应，这样的需要往往会让妈妈觉得被束缚，没有了自己的空间。很多妈妈被困在这个状态中，被委屈、焦虑所困扰，感觉失去了自我，更加无法专注当下地陪伴孩子。

此时，妈妈需要调整自己的心态，用发展的眼光去看待自己当下的陪伴。**生命的旅程不是一条简单的直线，而是由无数个当下的瞬间组成的。**

有人说，父母的"有效期"只有十几年。在孩子最需要我们的时候，多为孩子花一些时间，建立良好的安全依恋关系，帮助孩子获得深厚的安全感，长出有力量的翅膀，孩子总有一天会独自去飞翔。

到那时，**父母曾经的每一次陪伴都会成为孩子穿越时空的力**

量，让孩子有勇气和力量面对未来的困难和挑战。而那时，作为父母的我们仍然拥有大把的时间，可以带着陪伴孩子的美好回忆，而不是缺失对孩子的陪伴的遗憾，继续我们的精彩人生。

👁 觉察日记

    1.孩子在你面前是否可以自由地表达自己的感受和需求？孩子最近一次向你发出求救信号是什么时候？

    2.在你的时间表里，有没有专属于孩子的时间？下一步你可以做出哪些调整？

亲子联结：看见所有养育挑战的根源

《游戏力养育》的作者劳伦斯·J.科恩（Lawrence J. Cohen）博士说过，**所有养育挑战的根源，都是亲子联结的断裂。想要解决养育挑战，首先要花时间修复亲子联结。**

在孩子小的时候，父母很容易和孩子建立联结；但随着孩子年龄的增长，父母对孩子的期待和要求越来越高，越来越容易被外在的社会评判标准影响，就会更关注孩子的外在表现，反而忽略了亲子联结的重要性。

而只有当亲子之间处于联结状态，孩子觉得内在和外在环境都安全时，父母和孩子才能更好地面对和解决问题。此时孩子感受到自己是被信任的，也就更能够生发出内在智慧，发挥自己的潜能。

而父母并不是一张白纸，他们往往都在带着自己的很多童年印记养育孩子。

很多时候父母无法做到理智地回应孩子，是因为当下的场景引发了其自动化反应，他们只是在针对行为做出反应，却无法看见孩子的感受和需求。可这样的反应只会让冲突升级，让亲子之间的联结断裂，让问题变得更加复杂。

要想从根本上解决问题，就需要对亲子互动状态保持觉察，只有在亲子联结的状态下，父母才能对孩子做出有效引导。

对亲子互动状态保持觉察

在问题和挑战面前，人通常有两种状态——开放状态和应激状态。

在开放状态下，我们会觉得内在和外在的环境都很安全，此时我们情绪平和、心态平衡、有好奇心，能够自我反思和学习，拥有解决问题的内在智慧和能量。

应激状态指的是人在感受到危险时，内在和外在都充满恐惧，感受不到爱和信任，充满紧张、压力和戒备，与外界的联结断裂，往往表现为逃避、僵住、冷漠，甚至会出现攻击性行为。

在面对挑战时，父母和孩子因为不同的压力值而处于不同的状态。父母需要时刻对自己和孩子的状态保持觉察（见图 4-1）。

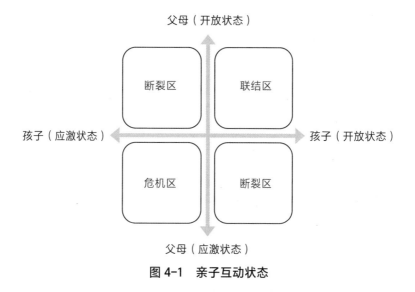

图 4-1 亲子互动状态

当父母和孩子中的任意一方处于应激状态时，亲子互动状态处于断裂区。此时亲子联结断裂，需要花时间重建联结，修复亲子关系。

如果父母觉察到自己处于应激状态，无法平静地面对孩子，就可以寻求家人的支持，让自己离开冲突现场，主动调整自己的状态。如果此时孩子处于应激状态，父母则可以耐心地支持和陪伴孩子，确保孩子的安全，等他平静下来再一起面对挑战。

如果父母和孩子双方均处于应激状态，亲子互动状态处于危机区。此时不适合采取任何动作，而要及时按下暂停键，避免冲突升级，或造成更多的伤害。此时双方都需要给彼此一些时间和空间，等平静下来再去沟通。

让我们通过一个具体案例来理解一下。

有一天晚上九点多，儿子的班主任打来电话，我瞬间紧张起来，赶紧跑到房间里接电话。途经客厅，我的余光瞥见儿子，正在读书的他一听是班主任的电话，表情也变得有些不自然。

原来老师正在整理学生的试卷，翻来覆去地找还是缺一张，最后发现是我儿子没有写名字。不仅如此，老师还对我细数了儿子在学校的一系列"不好"的表现。这让第一次做小学生家长的我压力值飙升，内心出现了很多对儿子的不满和愤怒。

老师的电话激活了我的应激状态，此时，如果儿子在我面前，我一定会带着我的愤怒、压力和不满，把老师的话原封不动地转述给他，对儿子一顿数落和抱怨。

但如果我这样做，只会增加儿子对老师、对学校的负面感受，还会让他对自己产生负向的自我认同，认为老师不喜欢他，或者自己很差劲。

根据我对儿子的观察，老师的电话也让他拉响了"危险"的警报，此时的他也处于应激状态，无论我说什么都会激起他更多的自我保护，他接收不到任何有效信息。

所以，对我们而言，**此时此刻，积极暂停是最好的选择。**

挂了老师的电话，我在房间里坐了一会儿才出来，让自己平静了一下，并没有直接和儿子做任何沟通。等到第二天彼此都平静和放松时，我们才针对老师的电话进行了交流。

其实，**我们和孩子的很多无效沟通，都是因为我们和孩子中的至少一方处于应激状态。**

当孩子哭闹、发脾气、拖拉磨蹭、犯错、和别人起冲突或做出不可接受的行为时，多半是因为他处于应激状态，而孩子的这些行为又激活了父母的应激状态。此时父母需要先让自己平静下来，主动和孩子建立亲子联结，才能打破无效沟通的恶性循环，进而开启有效沟通。

需要注意的是，引发应激状态的"危险"可能是真的危险，也有可能只是"感觉到"危险。父母对"危险"的过度感知会让自己始终处于应激状态，无法做出理性的选择和决定，这样的状态也会进一步影响孩子，让孩子产生过度反应。

事实上，对父母来说，绝大多数"危险"都是想象出来的危险，这和父母自己的童年经历有关。当前的情景激活了父母自己的童年记忆中对"危险"的感知按钮，触发了自己童年未释放的情绪。

所以，父母只有自我觉醒，及时关上过度敏感的"警报器"，才能对当下的情景做出理性评估，成为孩子的"第二只镇定的小鸡"①。

---

① 这个说法来自动物的"僵固行为"，这是包括小鸡在内的很多动物的一种本能，它们在极度恐惧而又无力反抗或逃走时就会装死。受到惊吓的第一只小鸡会观察第二只小鸡在干什么，以此来判断环境是否安全。——作者注

用游戏和倾听，建立亲子联结

当父母和孩子都处于开放状态时，亲子互动状态处于联结区。此时父母可以为孩子设立界限，提出要求，沟通问题，轻轻助推孩子去面对问题和挑战，并一起探讨解决方案。

换句话说，当双方处于联结区时，父母和孩子可以进行有效沟通。

亲子联结指的是父母和孩子之间可以被感知到的情感纽带。想要建立亲子联结，父母需要使用孩子的语言和孩子沟通，并站在孩子的视角理解孩子。亲子游戏和情绪倾听是建立亲子联结的两大法宝。

儿子两岁多时，经常会毫无征兆地打我一下，有时被他打得生疼，我会下意识地抬手想打回去。

有一次我的手已经挥到了半空，突然灵光一现，发起了一个"怎么也打不到你"的游戏。我假装打儿子，但是"傻乎乎"地怎么也打不到，我夸张地表演："咦，怎么回事？怎么打不到呢？"

我继续虚张声势地表演："我一定要打到你，我马上就要打到你了！"但是我怎么也"打不到"，儿子被我追得满屋子跑……就这样玩了十分钟，我和儿子都哈哈大笑。

事后我告诉儿子，他那样打得我很疼，要轻轻地拍。我还给他做了个示范。

这样玩了一段时间之后，儿子"打人"的这个行为就消失了。

想要纠正孩子的行为，需要先和孩子建立亲子联结，即先联结，后引导。

游戏是孩子的语言，在游戏中，妈妈可以用轻松快乐的方式和孩子重建联结，一起面对挑战。笑声释放了彼此紧张和焦虑的情绪，同时，在游戏中让孩子扮演有力量的一方，能够帮助孩子找回掌控感和自我效能感，这些感受会让孩子更愿意主动调整自己的行为。

把握亲子游戏的三个关键因素：装傻、笑声以及力量置换，就可以轻松地和孩子一起玩耍了。

亲子游戏不仅适用于学龄前的孩子，而且对于大孩子同样适用。

儿子上小学之后，经常会在写作业的"中场休息"时间玩耍起来，需要被提醒好几次才能回去继续写作业。

此时我会发起一个"机器人游戏"。我闭上眼睛扮演机器人，他负责指挥我前、后、左、右移动。我会在他发出指令后假装手忙脚乱，前后左右不分。儿子哈哈大笑，最后他会把我指挥到他的房间说："好了妈妈，我要开始写作业了，你出去吧。"

当然，有时也并不适合发起游戏。

建立亲子联结的第二个法宝就是情绪倾听。当孩子处于应激状态时，会做出一些父母不可接受的行为，有些行为比较明显，比如哭闹、发脾气、做出攻击性行为等。还有一些行为不太明显，很容易被父母忽略，比如拖拉磨蹭、沉默不语、不想上学等。

此时父母需要提高敏感度，站在孩子的角度去理解孩子行为背后的情绪和需要，而非仅仅催促和提醒。

有一次儿子放学回家后坐在书桌前，迟迟不肯开始写作业，一直在发呆，我叫了他几声他都没反应。

我很好奇地走到他身边，问他是不是发生了什么事，他哇地一声大哭起来，说今天在学校有两个同学在他的书上涂了胶水，把语文课本中的两页粘到了一起。

我坐在儿子身边听他哭诉了一会儿，他一边哭一边说，过了好久才平静下来。等他平静下来之后，我让他先去写作业，我来负责帮他把书修复好，他很配合地就去写作业了。

有时发起游戏失败，正是孩子需要情绪倾听的信号。如果孩子处在情绪满载的情况下，就无法理智思考，听不进去父母说的话。而情绪倾听可以帮助父母和孩子建立深度联结，当孩子被父母理解和接纳，其情绪能够安全地流淌和释放时，他就能恢复理智，也会更愿意合作。

有意识地往亲子银行账户中"存钱"

我们不仅仅要在遇到问题和挑战时努力建立亲子联结，更重要的是"未雨绸缪"，在没有出现问题的当下有意识地往亲子银行账户中"存钱"，这样，即使联结断裂不可避免，我们也有足够多的"储蓄"去重建联结、修复关系、面对挑战。

这一章中提到的所有内容，都有助于我们往亲子银行账户中有意识地"存钱"。现在来做个总结。

首先，训练自己活在当下的能力，及时回应孩子的需要，成为孩子的安全基地。

其次，建立家庭仪式感，把亲子联结时间写入你的日程表，给孩子持续、稳定、可预期的有效陪伴。

最后，培养自己的游戏心态，更松弛地看待问题和挑战。在下一节中，我们就来谈谈"妈妈的松弛感"这个话题。

◉ 觉察日记

1. 回顾一个过去你和孩子发生冲突的场景，当时你和孩子分别处于开放状态还是应激状态？

2. 读完这一节内容，你认为自己可以做些什么来有意识地往亲子银行账户中"存钱"呢？

妈妈的松弛感：给孩子刚刚好的支持

在父母课堂结束时，我经常会听到妈妈们的如下反馈。

问题还是那些问题，但我变得没那么焦虑了；

虽然不知道未来会面对什么，但是此刻我内心却很踏实；

我的孩子确实不是学霸，但他也有自己的优点；

虽然问题无法在短时间内得到解决，但我已经有了方向……

是的，当你内心变得松弛时，你看待问题的视角就会发生改变。也许问题还是那些问题，但因为你的改变，问题在你眼中已经不再是问题了。

所以，**问题不是用来解决的，而是用来解开的**。一个有松弛感的妈妈，就是那个可以帮助孩子解开问题，支持孩子成长的安全基地。

妈妈看得见孩子的点滴进步和成长，看得见孩子独一无二的闪光点；

妈妈能够无条件地积极响应孩子"无厘头"的想法，陪孩子一起疯、一起闹，满足孩子的小心愿；

当孩子过度拉响"危险"警报时，妈妈可以帮助孩子安静下来，启动内在智慧；

在真正的危险面前，妈妈可以给孩子温暖的陪伴和支持，陪孩子一起渡过难关。

怎样成为一名有松弛感的妈妈呢？做好以下三个功课，你就会逐步获得内心的松弛感。

穿越无力和挫败，做足够好的妈妈

成为妈妈之后，你是不是也曾遇到下面的情况？

我工作很忙碌，没时间陪孩子，每天都活在内疚中。

每次和孩子聊天，他都说不喜欢上学，我该怎么办呢？

孩子的英语成绩很差，跟不上老师的节奏，我该怎么办呢？

制订好的阅读计划，孩子没坚持几天就放弃了，等他上了小学之后就更没时间了……

其实，你只是被自己的无力感困住了，就好像双脚陷进了沼泽地，怎么挣扎也动弹不得。我总结了一下，妈妈的无力感主要来自以下几个方面。

第一，自我要求太高，对孩子的要求也太高。

有的妈妈希望自己是个全能妈妈，培养出一个全能的孩子。

既想兼顾好事业和家庭，又想让孩子全面发展。

于是，妈妈每天都在家庭和工作之间两头跑，周末还要带着孩子辗转于各个兴趣班，没有一点喘息的空间。如果是多子女家庭，妈妈则更加分身乏术、身心俱疲。

高要求的背后是对现状的不满，也是对自己和孩子的不接纳。

你需要对自己和孩子有一个客观的认识，可以通过"自我觉察记录卡"进行自我倾听练习，看到自己高要求背后的真实需求，并有意识地满足自己的需求。

孩子需要的是一个放松的妈妈和一种有松弛感的生活。

第二，只关注解决问题，而忽略了情绪。

遇到问题就解决问题，这一点在工作中算是优势。但是，在养育孩子的过程中，不能只关注解决问题。前文提到过，当我们把关注点放在情绪上时，很多问题都会迎刃而解。

很多妈妈觉得：我有责任让孩子开心，所以当孩子不开心时，我就会感到很无力。

这样的无力感还是来自对负面情绪的不接纳或不耐受。允许孩子体验各种感受，把关注点放在孩子的情绪上，这样的无力感就会逐步得到缓解。

第三，缺少正确的方法，或者有了方法又着急看到结果，缺乏耐心。

孩子不是机器人，不能打开按钮就自动运转。当你对结果抱有很高的期待，却又没有得到满意的结果时，无力感就会袭来。**我们可以用"最小启动单位"来帮助自己，每天行动一点点。**

比如，每天和孩子讨论一次情绪、每天给孩子一个正向反馈，这些小事只需要五分钟就可以完成。它们就是一个个"最小启动单位"。妈妈对自己有了正向感受，才能把这些感受带给孩子。

同样地，"最小启动单位"也可以用在孩子身上。比如，让孩子每天写一句"看图写话"、每天记三个英语单词、每天做一道数学思考题，等等。

我把这种水滴石穿式的学习方法叫作"无痛学习"。每天行动一点点，可以应对妈妈的无力感，也可以应对孩子的畏难情绪。

第四，缺少支持，妈妈一个人承担了太多。

有些妈妈缺少支持是客观原因造成的，比如老公的工作比较忙，或者夫妻二人异地生活。而有些妈妈却出于主观原因，做什么事情都要亲力亲为、不能放手，时间久了就会很疲惫。

有一种不易觉察的无力感，来自妈妈和爸爸的冲突。

我经常会接到一些妈妈的咨询，她们非常急切地希望我告诉她们该怎么做。

比如孩子生病了不太舒服，想请假，妈妈心疼孩子就同意了。但是爸爸却说妈妈这样做会把孩子惯坏。爸爸的观点给妈妈带来了压力，于是妈妈开始纠结和内耗，一方面心疼孩子，另一方面又担心惯坏了孩子。

这类问题的本质，在于妈妈自己的内在不够坚定，以及和爸爸的价值观产生了冲突。关于对养育价值观的探索，我们在前文中已经探讨过。

这些无力感的背后，都是妈妈自己的恐惧。带着这些恐惧，妈妈就无法安住当下，无法看见真实的孩子，更无法看到孩子当下的需要。

英国著名精神分析学家唐纳德·温尼科特（Donald Winnicott）提出了**"足够好的妈妈"**这个概念，指的是**妈妈不必做到 100 分，做到 60 分即可。**

因为孩子的成长并不取决于你，孩子也不会完完全全地依赖你。

每个孩子都有自己的发展潜能，他们鲜活而独特，绝对不能一视同仁或一成不变地对待他们。生存、发展并成熟是每个孩子天生的内在倾向，只需要提供合适的土壤、水分和养料，孩子就可以成长为自己想成为的样子。

在温尼科特看来，比起很多育儿技术和指导，一个女人对自己成为妈妈的信心、内心的自由、稳定的情绪、敏锐的观察力、对孩子发自内心的喜爱、对自己和别人的尊重，以及一个爱自己的丈夫，对于养育孩子是至关重要的条件。

妈妈需要的不是平衡，而是取舍

作为妈妈，你可能一直在试图寻求平衡，包括家庭和事业的平衡、孩子的需要和自己的需要的平衡、满足孩子还是满足自己的平衡等。

到底要不要辞职回家带孩子？几乎每位职场妈妈都有过这个疑问。

这个问题不可避免地和妈妈自己的职业发展问题缠绕在一起，让妈妈始终处于纠结的状态。

在以下几个时间点，妈妈是最容易想到这个问题的。

孩子刚出生时，身份的转变会给女性带来巨大的挑战。一时间无法适应原来的职场节奏，加之作为新手妈妈手忙脚乱，容易出现家庭矛盾，从而让妈妈分身乏术，第一次出现辞职的念头。

孩子升学有几个关键节点，比如上幼儿园、幼升小、小升初等。当孩子出现适应困难时，妈妈因为无力招架而陷入自我苛责，总觉得是自己忙于工作、对孩子陪伴不够，导致了孩子的不适应。

还有人到中年时，很多妈妈会面临职业发展的瓶颈，开始考虑职业转型，于是辞职的念头再次出现。

其实孩子的很多挑战行为，是环境变化带来的正常反应，比如行为倒退、情绪爆发、排斥上学等。升学对孩子来说是非常大的挑战，这和妈妈是否全职陪伴其实关系不大。

妈妈反而需要搞清楚，全职陪伴孩子，到底是自己的需要，还是孩子的需要。**比起陪伴孩子的时间长短，更重要的是妈妈的状态和陪伴质量。**

所以，比起是否辞职，更重要的是，妈妈对自己的选择不纠结。但我发现，找我咨询的大多数妈妈，都处于纠结的状态。

有的妈妈选择了继续职场生涯，却在工作时对孩子充满内疚，导致工作效率不高，回到家又开始惦记工作。因为陪伴少，她们对孩子的要求就格外高，往往只看到了孩子外在的行为表现，却忽略了孩子的情感需求。

而很多全职妈妈的焦虑，则来自自己的低价值感。对未来职业发展方向的不确定让她们无法做到安住当下、全身心陪伴孩子。她们甚至会把自己的付出和孩子的表现联系在一起，总觉得自己为孩子付出了那么多，孩子就"应该"比职场妈妈带出来的孩子更优秀，否则就无法证明自己的价值。

妈妈的这些纠结和内耗会毫无例外地传递到孩子身上。

妈妈需要做到的是为自己的选择负责，而不是以陪伴孩子之名，把自己的职业发展问题和对孩子的陪伴问题混为一谈。

作为妈妈的你需要找到这样一种状态：你选择继续职场生涯，是因为对自己职业的热爱，你也相信孩子在其他家人的陪伴下可以健康成长，并在你和孩子相处的有限时间内做到高质量陪伴；你选择离开职场，是因为你想换一种生活状态，你可以为自己的选择负责，而不是以陪伴孩子为借口做出看似不得已的选择。

说到这里，你可能想知道，到底有没有妈妈能做到平衡呢？其实，**当我放弃追求平衡，开始为我的生活做减法，只做最重要的事时，我发现自己的内耗就逐渐消失了。**

可以说，当妈妈这件事，并没有真正的平衡，有的只是根据不同阶段的优先级做出的选择和取舍。最重要的是，**我们要为自己的选择负责。**

你可以用一张表格（见表4-1）进行梳理，把头脑中的各种声音以文字的方式呈现出来，然后通过自由书写的方式进行自我探索，看看自己最在意的是什么。这种方式可以帮助你倾听内在的声音，做出对自己来说更合适的选择。

表4-1　对"如何做选择"的梳理

选择职场		选择全职	
好处	坏处	好处	坏处

直面恐惧，和自己的失控感好好相处

有时你做不到松弛，是因为你太想控制一切。事实上，你越想控制什么，就越会失去什么。对孩子越是严加控制，你就越得不到自己想要的结果。

如果你担心孩子吃得不好、营养不良，严格控制孩子的饮食，对孩子吃什么、吃多少都有严格要求，那么你的孩子多半不会享受食物，更不会好好吃饭；

如果你总是限制孩子玩手机，视电子产品为"洪水猛兽"，严格控制孩子玩手机的时间，那么孩子多半会沉迷于手机无法自拔；

如果你担心孩子学习不好，严格控制孩子的学习时间，那么孩子多半会讨厌学习，而被控制的孩子永远也成不了"学霸"。

父母对孩子的担心，背后都是一种不信任，是消极的心理暗示和负面强化。它会压制孩子的生命力和自信心，成为对孩子的"诅咒"，从而让父母掉入"怕什么来什么"的陷阱。

实际上，生活是孩子自己的，学习也是孩子自己的。即使遇到了问题和挑战，解决问题的主体也应该是孩子。如果父母为了解决孩子的问题，比孩子还要用力，承担了绝大多数责任，那么孩子就失去了努力的空间。

在问题面前，总要有人为它负责任。如果父母承担了90%的责任，那么孩子努力的空间就只有10%；更有甚者，父母承担了100%的责任，孩子则没有一点喘息的空间，更没有机会学习自我管理。

久而久之，孩子会逐步失去对自己的掌控感，过度依赖父母，一旦失去了外在的控制，孩子就会变得失控。此刻，父母的"诅咒"就变成了现实。

所以，**如果你希望孩子自我管理，就需要进行自我觉察，放弃一些控制欲，把对自己生活的掌控感还给孩子。**

这一定会给你带来失控感，在一段时间内，你可能会被恐惧裹挟，无法正常思考。比如，你会想：如果他玩手机停不下来，玩了一整天怎么办？如果他作业完不成，被老师批评怎么办？如果他营养不良、长不高怎么办？如果他自己做选择，选错了怎么办？如果他受伤了怎么办？如果他学习不好，考不上大学怎么办？

出于作为父母的责任感，当你无法和这些失控感好好相处，被恐惧挟持时，你会再一次拿起控制的"武器"，以"为了孩子好"为名，继续剥夺孩子对自己生活的掌控感。

所以，放下控制，需要你觉察自己的恐惧，和自己的内在进行联结，学习如何和自己的失控感好好相处。

一方面，你要认识到，为人父母真正的责任，并不是帮助孩子扫清成长道路上的一切问题和障碍，而是培养孩子面对问题和解决问题的能力，帮助孩子找到对自己生活的掌控感。

世界上只有一种爱是为了分离而存在的，那就是父母对孩子的爱。

如果你真的为了孩子好，就请用祝福代替担忧，帮助孩子习得各项能力，让他们在离开父母后能独立掌控自己的生活。这才是为孩子的一生幸福做好真正的准备。过度控制孩子，相当于剪断了孩子的翅膀，却抱怨他不能独立飞翔。

另一方面，一个现实的情况是，你无法真正强迫孩子做任何事。

你强迫孩子去写作业，孩子只是在做"写作业"这件事而已，真正的学习并未发生；你强迫孩子去吃饭，他也只是在做"吃饭"这件事而已，并没有真正享受品尝食物带来的愉悦感。

孩子变成了执行父母要求的"提线木偶"，丧失了自己真正的感觉。

你可能会说，至少在那个当下，孩子完成了作业、好好吃了饭，结果是好的。让我们来一起看一下控制是如何起作用的。

如果你用奖励的方式，孩子就会因为想要那个奖励而去行动；如果你用惩罚的方式，孩子则会因为对惩罚的恐惧而行动；如果你用吼叫的方式，孩子同样会因为害怕失去你的爱而行动……

这些手段看起来在短期内有效，却无法内化成孩子的内部动机，也无法达成我们的长期目标。

我们应该做一个有松弛感的妈妈，从现在起就开始觉醒，进入觉察状态，给孩子更好的爱。**但改变是不容易的，我们需要面对内部自我和外部反馈的多重压力。**

首先，做出改变需要我们走出舒适区，面对变化所带来的恐惧和不安。一方面是行为技巧方面的不熟练，另一方面是情绪情感方面的不适应，还有随时被"打回原形"的挫败感，这些都是来自内部自我的消耗。

其次，当我们做出改变时，我们的伴侣和孩子很可能会产生排斥和抗拒。如果一段时间的改变没有带来好的结果，我们还有可能会被嘲笑和指责，这些外部反馈都有可能激活我们的深层负面情绪，成为我们想要继续改变的阻力。

只有当我们为改变负起百分之百的责任时，改变才会真正发生。

我们能做的，就是好好地爱自己，允许和接纳一切的发生，陪伴自己穿越黑暗和挫败，穿越自己的情绪内耗，用更放松的方式帮助自己发展出内在的松弛感。只有这样，我们才能给孩子刚刚好的支持，陪伴孩子健康成长。

愿本书的每一位读者，都可以时刻保持自我觉察，帮助自己发展出内在的松弛感，给自己和孩子刚刚好的支持。

👁 觉察日记

1. 你在养育过程中有没有体验过无力感？现在看来，这些无力感来自哪里？

2. 你认为自己是不是一个"足够好的妈妈"呢？你给自己的松弛程度打几分？今天你可以做些什么让自己更松弛一点？

下篇

放下控制：
进入觉察状态，培养善于
自我反思、自我管理的孩子

第五章

妈妈要转换视角：是行为挑战，更是成长的机会

叛逆：孩子叛逆不听话，是因为他要长大了

你是不是也觉得，孩子年纪越大就越不听话了？

一个听话的孩子，从小听父母的话，也听老师的话，他能够完成大人交代的任务、满足大人的期待，却压抑了自己的真实需求和想法，唯独没有为自己而活。

而一个叛逆的孩子，其实是在表达自己的内在需求和想法，为自己争取独立生长的空间，为了成为自己而努力挣扎和呐喊。

从这个角度讲，大人需要用欣赏的眼光去看待孩子的叛逆，要适当地后退，把空间留给孩子。叛逆意味着孩子要长大了，而我们要做孩子成长道路上的支持者。

否则，以"听话"为目标养育孩子，可能会带来两种极端的后果。

一种是孩子真的变成了听话的孩子，没有了自己的主见和想法，对很多事情都表现得很麻木，过早地放弃了自己的追求；另一种则是孩子表现出了更大程度的叛逆和反抗，只是为了不放弃让父母看见自己的希望。

孩子成长过程中的两大叛逆期

其实，叛逆是孩子在成长过程中的必经之路。

孩子一般会经历两个叛逆期。

第一个叛逆期在一岁半到三岁之间。孩子积累了一定的心理资源，自主意识萌发，渴望实现自我价值，希望父母接纳自己"长大了"，并且"很能干"的"现实"。这个阶段的孩子开始对抗父母的意愿，经常说"不"，凡事都想自己来，重点在于要求行为和动作自由，反抗父母的过度代劳。

这个阶段常被称为"可怕的两岁""恐怖的三岁"，原因就是父母的权威被挑战了。此时父母需要调整心态，试试只对孩子说"好啊"，看看会有什么不一样。

控制欲强的父母，比较容易感受到孩子的"叛逆"。因为孩子的叛逆，意味着父母的"失控感"。

只要不是危险的行为，都可以试着对孩子说"好啊"，然后合理化这个部分。这是个非常好的尝试，也是父母的一种修炼。另外，在生活中，可以多让孩子做决定，甚至让孩子参与决定一些家庭事务。

比如：

当孩子说"我今晚要在沙发上睡觉"，你可以只说"好啊"；

当孩子说"我今天想用手抓着吃饭"，你也可以只说"好啊"。

再比如：

让孩子决定晚饭吃什么，外出就餐时让孩子点菜；
让孩子自己挑选衣服，并决定当天穿什么。

毕竟，两三岁的孩子，试错的空间还是比较大的。父母在孩子第一个叛逆期的自我修炼，可以为迎接孩子的第二个叛逆期做好心理准备。

第二个叛逆期在青春期。处于这个阶段的孩子，需要逐步脱离对父母和成年人的依赖，走向自我独立；其内在需求是追求人格独立、精神和行为方面的自由。这个时期也是一个人从孩子成长为成年人的过渡阶段。

这个阶段的孩子面临着儿童身份的逐渐消失，而成年人的身份还未建立起来，会有很多的内在拉扯：一方面，他们觉得自己长大了，可以独立做很多事；另一方面，面对未知的世界，他们充满了恐惧，内心仍然依赖父母。于是，他们的内心在独立和依赖之间徘徊。

此时，孩子叛逆背后的心理动机是向父母求助：面对自己即将长大成人这件事，他们还有很多的困惑。他们遇到了问题，不知道该如何面对，所以会用叛逆行为向父母发出求救信号。

如果父母和孩子每天讨论的话题只与学习和成绩有关，孩子就只会觉得更加无助，很可能会用更加激烈的行为引起父母的更多关注。

很多青春期的孩子会突然不想去上学，这其实是孩子的自救行为。此时父母需要摘下有色眼镜，真正了解孩子的内心世界，陪伴孩子经历这个过程，而不是把孩子当成问题小孩。

处于青春期阶段的孩子，如果父母支持他们更独立一点，并愿意后退一步，减少控制，放手给孩子更多的空间，允许他们自由探索、允许他们犯错，并在错误中成长，他们独立的部分就会逐渐发展起来，在18岁左右形成一个完整的自我。他们会逐步形成对自我的认识，去探索更加广阔的世界。这样的孩子，不需要父母过多的督促，也会有强烈的动机去追求自己的人生目标。

但如果此时父母不能理解孩子的叛逆，而是一味地控制和打压孩子，就会激发孩子更激烈的叛逆行为，相当于亲手把孩子从自己身边推开了。这个阶段的孩子并没有真正成熟，还需要成年人的支持和引导，而此时如果孩子身边出现了一些经常做出不良行为的人，孩子就会受到一些负面影响，产生一些偏差行为。

有一些父母发现孩子不再愿意和自己对话，一回家就关起房门，父母无法走进孩子的内心世界。逃避是另外一种形式的反抗。面对这样的孩子，父母想去打开他们的心门是非常不容易的。

还有一些孩子，他们看起来没有任何问题，在学业上表现得非常优秀，对父母百依百顺，没有表现出任何叛逆行为。孩子这样的表现更要引起父母的重视，因为他们并不是没有愤怒，而是把自己的愤怒压抑了起来，最终很可能会在心里攻击自己。

很多优秀的孩子出现抑郁倾向，正是各种负面情绪无法正常表达，最终指向自己的表现。所以，青春期孩子对父母的需要比我们想象中更多。

给孩子空间，背后传递的是信任

所谓的叛逆期，只是站在成年人的视角给孩子的一种评判。

对孩子来说，他只是想长大而已。

在长大的过程中，父母对孩子是支持和信任的，还是控制和不满的，这对于孩子非常重要。

放手给孩子空间，传递给孩子的是一种信任感。父母做好以下几件事，就可以减少孩子的叛逆行为，更好地支持孩子成长。

首先，多倾听，少唠叨：关注孩子的感受，而不只是讨论事情。

随着孩子长大，他们最常说的一句话，往往是"最烦我妈唠叨了"。如果唠叨有用，可能就没有叛逆的孩子了。

我经常告诉父母，要修炼"闭嘴之法"，减少对孩子的评判。学会倾听孩子，反映孩子的情绪，对孩子表示理解，让孩子的情绪在父母这里有个出口。

感受到父母的接纳和陪伴，孩子就会更愿意合作，父母也会对孩子更有影响力。

反映孩子的情绪，只需要说出孩子的情绪即可。不要在乎说得对不对，因为孩子需要的是父母的理解，至于真实的感受，有了父母这面镜子，孩子自己会去体会。

所以你觉得有点困惑……

你很生气……

你觉得有点委屈……

记住：孩子是因为爱而改变的，不是因为唠叨而改变的。

其次，把无意义的"不要、不行"，变成有意义的提问。

出于对孩子的安全考虑，父母经常会对孩子的行为提出限制和要求。

但要求通常会引发孩子的对抗，而把要求变成提问，则会引导孩子反思和了解现状，评估选择可能带来的结果。父母要支持孩子自己做出选择、为自己的选择负责，而不要只是给孩子建议和要求。

为了让两岁的儿子了解过马路时注意安全的重要性，我陪他站在路边观察，一边观察一边提问。

（一辆车过来了）

"如果这个时候我们过马路，会发生什么呢？"

"你来观察一下，什么时候过马路是安全的？"

这样的提问，是把孩子当成一个独立的、能够承担责任的个

体。面对大一点的孩子，还可以通过提问的方式引导孩子的价值观。

发生了什么事情？

关于这件事情，你自己是怎么考虑的？

如果这样做，可能的结果是什么？

有没有其他备选方案？

你最想怎么做？你这样选择的原因是什么？

如果孩子信任父母，遇到事情就自然会向父母求助。有时孩子的求助比较明显，但在绝大多数情况下，父母需要提高敏感度，辨识孩子需要帮助的时刻。

最后，放宽心，别当真：减少对孩子的评判，多关注孩子的优点。

一方面，孩子偶然出现的偏差行为，并不意味着孩子就此定型了。在成长过程中，孩子会进行各种各样的尝试和试错，这些都是正常的表现。

另一方面，随着孩子长大，他们的内在会越来越有力量。他们可能经常会做出一些冲动行为、说出一些冲动的话，但不要因此就把孩子定义为坏孩子，也不要因此被激怒。否则，父母就无法真正帮助孩子。

此时父母要告诉自己，孩子只是在表达自己的强烈感受，他所说的都不是真的，也不是发自内心的。不要当真，更不要上纲上线，要用爱来软化和帮助孩子，而不要用另一种对抗来面对孩子。

与此同时，有个动作极其重要，却经常被父母忽略，那就是**每天看见孩子的优点和进步，并及时反馈给孩子**。

另外，还要每周安排和孩子共度的亲子时光，和孩子一起玩游戏、一起运动，培养良好的亲子关系。不要让自己和孩子之间只剩下学习和成绩这些话题。

👁 觉察日记

    1. 你观察到孩子有哪些叛逆行为？试着理解一下，孩子通过这些行为在向你表达什么？

    2. 孩子的叛逆对你来说意味着什么？你的感受是什么样的？这些感受背后隐藏着你什么样的需要？

情绪：孩子发脾气，可能是需要你的帮助

我曾在网络上做过调查，有几百位父母参与投票，其中有80%的父母认为，养育中最大的难题是情绪问题。

情绪问题之所以难以解决，一部分原因是情绪经常会披着"挑战行为"的外衣出现，从而被父母忽略。父母急于解决问题，却忽略了情绪因素的影响。

孩子不想上学，可能是因为发生的某些事情带给了他尴尬或不安的情绪；

孩子喜欢的兴趣班，某一天他突然就不想去了，可能是因为课程难度提高让孩子产生了畏难情绪；

孩子拖拉磨蹭，迟迟不开始写作业，可能是作业太多、太难给他带来了很大的压力；

孩子不主动和妈妈的朋友打招呼，可能是因为孩子在面对陌生人时产生了压力或不安情绪……

孩子的这些内在情绪会通过外在的行为表现出来，如果父母关注不到它们，只是从行为层面要求孩子，不仅不能给予孩子支

持，而且会给孩子增加额外的负担，让孩子产生更多负面情绪，比如孩子因为达不到父母的期待而产生的压力、自责或恐惧情绪等。

有一些孩子的情绪表现得比较明显，比如哭闹、发脾气；另一些孩子的情绪则表现得不那么激烈，比如低头抽泣、不说话……

很多父母面对孩子的情绪会不知所措，因为他们自己从小没有学过如何识别和管理情绪，不仅不知道如何面对孩子的情绪，而且会产生强烈的无力感。

这种无力感又会以呵斥孩子的方式返还到孩子身上，形成恶性循环。

其实，孩子的挑战行为和情绪表现正是向父母发出的求助信号，父母需要提高对孩子情绪的敏感度和耐受度，才能给出孩子需要的支持。

正如前文提到的，**如果你把养育的重点放在关注情绪上，绝大多数的养育挑战都会迎刃而解。**

对行为设限，不对情绪设限

有一天，儿子放学回到家，二话不说就趴到沙发上，一边踢打，一边开始抽泣。我意识到他可能遇到了什么事情，产生了负面情绪。

我坐在他的身边想抱抱他。他虽然嘴上抗拒，但身体却很诚实地配合着靠在我的怀里。此时他的情绪还很激烈，脚用力踢打着，一下子踹到了我的腿上，我忍不住疼得大喊了一声。

我告诉他："你不开心可以哭一会儿，但是这样踢打伤害到我了，你需要控制一下自己的力度，也可以找其他方式来发泄，比如去楼下跑一圈。"他抽泣着说："我已经跑不动了，我自己待一会儿就行。"然后他把头埋到了双腿之间，继续哭起来。

我顺势把他搂在怀里，轻轻抚摸他的后背，感受他的情绪流淌。他从一开始的大哭，到声音开始变得柔和。我感受到了他的情绪变化，从一开始的愤怒到逐渐有些委屈，再到后来，他的哭声越来越小，直到平静下来。

我说："妈妈能感受到你有很多愤怒和委屈，我们去洗把脸吃饭吧。如果你愿意的话，可以和我说一说。"他没说话，站起身去了洗手间。

吃晚饭时，他恢复了往日的状态，一边吃一边开始念叨。

"今天真是太烦人了，我们训练的时候没有踢球，居然围着山跑，还要计时……最后一圈居然还要求两分钟内跑完，我都换好球鞋了，还得把鞋换回来才能跑……今天在学校也特别烦，什么'错峰出行'，这算是什么要求……别人的上课铃是我们的下课铃，别人的下课铃是我们的上课铃……课间操也要晚十分钟下去……下课之后上完厕所就必须回教室，哪里也不能去……老师还说要利用休息时间给我们上课，抱怨我们不好好上课……明明我们就是被安排的好不好……"

他断断续续地说了好多，我静静地听着，不时地点头回应他……

最后，我说："这真是好辛苦的一天呀……"

原来，他这一天经历了这么多。因为班里有位同学确诊了疱疹性咽峡炎，学校就规定整个班级的同学都要错峰出行；足球队因为最近有校级比赛，所以增大了训练强度。

他在学校的一整天都压制着自己的情绪，回到家终于可以发泄出来了。

现在我们来拆解一下这个案例。

儿子情绪的外在表现是抽泣和踢打，我完全接纳了他的情绪，用我的拥抱和陪伴支持他，允许他的情绪自由流淌。

但是，对于他的"踢打"这个行为，我明确表达了限制，希望他可以控制一下自己的力度，或换一种方式来释放情绪。值得一提的是，如果孩子的情绪特别激烈，可能听不进去你的限制；此时你需要做的是，确保自己和孩子的安全，给孩子一个空间释放激烈的情绪。

通过这个案例，我们可以看到：**情绪没有对错好坏之分，我**

们真正要做的不是拒绝和否认孩子的情绪，也不是着急消除孩子的情绪，而是接纳孩子的情绪，允许孩子有情绪。

另外，情绪的流淌需要时间，所以保持平静地陪伴孩子非常重要。

这一步对父母来说是最难的。一方面，因为镜像神经元的作用，我们很容易被孩子的情绪所"传染"，无法平静地面对孩子；另一方面，绝大多数父母自己小时候是不被允许哭的，童年被压抑的情绪被激活，和孩子的情绪缠绕在一起，让父母更加难以平静地面对孩子。

所以，在问题出现的当下，重要的是觉察自己的情绪，把自己的情绪和孩子的情绪分开。

此时，可以先问问自己：我当下的情绪是什么？

我们给不了孩子我们没有的东西，我们也教不会孩子我们自己没做过的情绪功课，所以，接纳孩子的情绪，还是要从觉察自己的情绪开始。

提升情绪敏感度的亲子日课

面对养育中的情绪难题，父母可以做些什么呢？

不要在孩子溺水时教他游泳。孩子有激烈情绪时，首先要做的就是倾听和陪伴；功夫要用在平时，在日常生活中提高孩子应对情绪的能力。

首先，有意识地观察自己和孩子的情绪，提高自己对情绪的敏感度。 把和孩子讨论情绪变成像吃饭、喝水一样自然的事情。

在生活中，和孩子讨论情绪的机会无处不在。比如，在读绘本时，可以邀请孩子理解一下故事中不同角色的情绪；在任意生活情境中，都可以随时和孩子讨论情绪。

儿子三岁以前，在马路上看到身材比较胖的人经过，会脱口而出"那个人好胖呀"；在餐厅吃饭时，他会在点餐的服务员面前说"这个菜不好吃"……他做出的是明显的"低情商行为"。

事后我会问他："如果那个阿姨听到别人说她胖，会有什么感受呢？如果那个点菜的阿姨听到别人说某个菜不好吃，感觉会怎样呢？"久而久之，儿子就学会理解他人的情绪了。

有一次，我们全家在一家烧烤店点菜，我看到菜单上的酸菜鱼，突然很想吃。儿子欲言又止，趴到我的耳边说："妈妈，这是一家烧烤店，酸菜鱼不一定做得好吃，你想吃酸菜鱼的话，咱们下次去专门做酸菜鱼的店吃吧。"

儿童心理学家研究表明，**父母和孩子讨论情绪越频繁，孩子的情绪理解能力就发展得越好。孩子表现出"低情商"的时刻，是发展其情绪理解能力的好机会。**

其次，丰富情绪词汇，营造家庭面对情绪的仪式感。 当孩子有情绪时，你可能会脱口而出："你有什么事情不会说吗？哭什么哭，哭能解决什么问题？"

父母都希望孩子用语言表达自己的情绪，但这对很多成年人来说都很困难，更不用说是孩子了。能力发展有自己的时间表，负责理性思考的大脑区域叫作前额叶，在25岁左右才能发育完成，所以期待一个几岁的孩子理智地表达自己的情绪是不现实的。

儿童的情绪智力发展分为三个阶段：最初是用行为表达情绪，然后是用自发的游戏来释放情绪、缓解紧张，最后才是在成年人的帮助下学会用语言表达情绪。

如果没有游戏和语言作为媒介，孩子就只能用冲动的行为来表达情绪，比如摔门、打人、尖叫等。我们可以用孩子喜欢的方式，比如游戏，让孩子知道自己可以安全地表达自己的感受；同时，还可以帮助孩子积累情绪词汇，提高其情绪表达能力。

可以通过下面几个情绪游戏建立家庭面对情绪的仪式感。

第一个游戏是"情绪测量仪"。 每天让孩子对自己的情绪进行评估，用0—10之间的分数评估情绪的状态，比如1分代表"非常糟糕"，5分代表"不算太差"，10分代表"非常愉悦"。还可以用不同的动物或颜色来帮助孩子辨识自己的情绪状态。

很多幼儿园老师会在班级里准备几个代表不同情绪的瓶子，分别代表"我感觉还不错""我感觉很一般""我感觉很糟糕"等。孩子们每天上学时会把自己的名牌放进对应的瓶子，以此来对自己的情绪状态保持觉察。

第二个游戏是"情绪故事会"。 随机选择代表不同情绪的卡片，可以是孩子绘制的，也可以是购买的卡片。大家轮流编故事，要求至少用到自己手里的一张卡片，且每次不能重复。借助情绪卡片，孩子就可以自如地在故事中表达情绪。

第三个游戏是"画出情绪"。可以准备一个空白脸谱，让孩子用自己的方式涂鸦；也可以准备空白的身体图形，问问孩子，他的情绪在身体的哪个部分，让他用自己喜欢的颜色和方式画出来。当然，也可以让孩子在白纸上自由绘画，因为画画对孩子来说就是一种艺术疗愈。

再次，在情绪事件之后，和孩子一起复盘。这里要特别提示，复盘的目的不是分对错或借机教育孩子，而是借助一次情绪事件，帮助孩子提高识别情绪的能力。

父母要以身作则，从自己做起。我们如何面对自己的情绪，就会教孩子如何面对自己的情绪。

儿子四岁时，有一次在小区里排队玩一个玩具，正好轮到他时，被一个突然冲过来的小女孩抢了先。

儿子非常生气，但是对四岁的他来说，他很难用语言把当时的情况说清楚，于是又急又气地脱口而出："我不要和你一起玩了！"就在这时，小女孩的妈妈刚好走过来听到了这句话，就生气地把小女孩拉走了，还说了一句："那我们也不要和他一起玩了！"

旁观了这一切的我，虽然了解事情的真相，但当时也有自己的情绪。

回到家之后，我拿出情绪卡片，和儿子一起复盘刚才发生的事。通过梳理，我发现自己当时的情绪有生气、尴尬、着急等。就在我梳理时，平静下来的儿子在一旁说："妈妈，刚才我也很生气，下次我可以跟阿姨说，要排队才行。"

所以，孩子的情绪得以流淌和释放之后，他就可以恢复理智。但是，在情绪出现的当下，需要经过很多次练习，孩子才能做到用语言表达情绪。

最后，父母也要调整自己对情绪的认知。情绪没有好坏对错之分，所有的情绪都是我们需要的情绪。

所有的负向情绪，都有一个正向的意图：悲伤帮助我们面对失去，让我们学会珍惜；愤怒帮助我们面对不公，为我们带来力量；恐惧帮助我们面对危险，让我们谨慎小心……

没有什么事情是"不值得哭"的。哭对于情绪的释放意义重大，是孩子天然的调节机制。所以，哭虽然不能直接解决问题，但可以让孩子的情绪自如流淌。哭完之后，等理性大脑被激活，孩子自然会恢复理智。

在父母的帮助下，孩子能够学会识别自己的情绪、健康地表达自己的情绪。更重要的是，体验到自己的情绪被父母接纳，孩子就能学会自我接纳；而能接纳自己的人，就能够爱自己、爱他人，也能够接受他人的爱，不会自我否定，还能够拥有良好的人际关系。

如果你自己的负向情绪总是被孩子激发出来，你受不了孩子哭，会忍不住吼叫，就可以参考本书第一章的内容，觉察自己的情绪。你要先学会照顾好自己的情绪，才能更好地支持孩子。

孩子有畏难情绪，怎样让他更自信

读到这里，相信作为读者的你已经清楚：在养育过程中，情绪问题之所以难以解决，一方面是因为我们习惯于先解决问题而忽略情绪，另一方面是因为孩子的情绪激活了我们自己的深层情绪，比如面对孩子的畏难情绪，我们经常会产生无力感。

经过学习和自我成长，当我们知道如何应对这些情绪时，无力感就会逐渐消失。

孩子产生畏难情绪，通常分为两种情况：一种情况是当下的情景对孩子来说真的很困难，孩子缺乏相关能力去应对；另一种情况是孩子感觉当下的情景很困难，虽然自己的能力是够的，但孩子被恐惧和压力所控制，无力应对。

但不管属于哪一种情况，我们首先要解决的是"孩子感觉难"的问题。只有孩子感觉好了，他真实的能力才能发挥出来；即使能力暂时欠缺，他也会有更多的内在力量去学习如何应对那些情景。

那么，怎样才能让孩子感觉好呢？简单来讲，要让孩子有自信，相信自己有能力解决问题。自信的孩子可以经受住更多的挫折，不论是来自学习的，还是来自社交的；而不自信的孩子，即使取得了成功，也会产生自我怀疑。

父母可以通过以下三种方式来培养孩子的自信，让孩子对自己感觉很好。

首先，觉察自己的言行，培养孩子的高自我价值感。

孩子最早就是从父母的眼睛里看见自己和认识自己的。他们通过在家庭环境中和父母互动形成对自己的认识，即自我价值感。

父母的一言一行、一举一动，甚至是一个面部表情都会影响孩子对自我价值的判断。那么，父母该怎样做，才能让孩子更有自我价值感呢？简单来讲，孩子需要在和父母的互动中得到以下信息。

第一，**我很重要**。当你和孩子说话时，要看着孩子的眼睛，不要心不在焉。陪伴孩子时，要全身心地投入。孩子会从父母的非语言信息中不断寻找这个问题的答案：**我对父母来说，是否很重要？**

第二，**我很独特**。把你观察到的孩子的优点反馈给他，用一种发现的心态，而不要用比较或者竞争的心态让孩子意识到自己的独特性。**尤其不要拿自己孩子的短板和其他孩子的长板进行比较。**

第三，**我被尊重**。孩子可以被平等对待，即使出现了"不可接受"的行为，你也可以用尊重的语言而非批评、控制的方式对孩子提出要求。

第四，**我能自主**。在与自己相关的事情上，孩子可以自由地表达想法，并有机会为自己做决定。即使做错了，孩子也能被接纳和允许，并且可以被引导着从错误中得到学习和成长。

其次，拆分任务，增强孩子的成就感。

把当前的任务拆分为容易做到的小步骤，每完成一步所带来的成就感，都可以激发孩子进行更多尝试的意愿。

孩子每完成一个步骤，都要及时给出正向反馈，把孩子**努力的过程、做过的尝试以及有助于成功的关键动作**提炼出来反馈给孩子。这样的正向反馈可以强化孩子的正向行为，并内化为孩子的正向自我认知。让孩子在困难面前，知道自己可以具体做出哪些有效动作，这会极大程度地缓解其畏难情绪。

这一点在孩子对学习有畏难情绪时尤其重要。如果孩子的学习任务超出了父母的能力范围，可以寻求专业支持。

最后，还要有意识地帮助孩子培养一技之长。

这里要注意的是，不要只在孩子畏难的事情上死磕，而要培养孩子的一技之长。当孩子有做成某件事的成功经验时，从中产生的自信心会迁移到做其他事情上。

表妹练习钢琴多年，在音乐上取得了很好的成绩。上大学后的一个月，她就因为社交问题来找我求助。

　　原来，她参加了学校组织的攀岩活动。由于是第一次参加，她内心十分恐惧，成了唯一没有坚持到最后的学生。这次经历让她对于参加集体活动产生了畏难情绪，每次有同学邀请她参加聚会或活动，她都会找借口推辞，但自己内心又十分想去。

　　我和她一起回顾了这个过程，在聊到自己平时喜欢做的事情时，她两眼放光。她知道，自己虽然不擅长攀岩和运动，但也有自己的优点。看到这一点，她逐渐恢复了自信，也不再排斥参加社交活动。

　　后来，她突破自己，又一次尝试了攀岩，虽然速度很慢，但这已经不是她的困扰了。

◎ 觉察日记

1. 最近一段时间，你自己经常出现的一种情绪是什么？通常是因为什么事？对于自己的这种情绪，你的感受如何？你接纳这种情绪吗？

2. 你和孩子讨论情绪的频率是什么样的？接下来你可以在家庭中营造什么样的面对情绪的仪式感？

3. 你的孩子对什么事有畏难情绪？你可以怎样帮助他？

接纳：父母放下执念，孩子才能突破自己

在一次新书分享会上，有一位妈妈提出了这样一个问题。

她说："我的孩子特别容易有畏难情绪，遇到一点点困难就想放弃，从来不知道努力一下。我试过很多种方法都改变不了他，感到特别挫败。我自己创业很多年，遇到再多的困难我都扛过来了，从来没想过放弃，唯独解决不了孩子的问题。"

我告诉这位妈妈："你需要放下改变孩子的执念，接纳你的孩子和你不一样。"

很多妈妈可能从来没有意识到，自己的困惑在于，眼前的这个孩子，并不是自己理想中的孩子。换句话说，她们并不接纳孩子本来的样子。

那么，什么叫作接纳呢？让我们通过一个小练习来体会一下接纳和不接纳的区别。回想孩子给你带来的某个挑战，你当时的第一反应是什么？

如果你想的是："他为什么会这样？我该怎么改变他？为什么我做什么都没用？"这就是不接纳。真正的接纳是允许一切如其

所是："是的，他就是这样的，虽然有些难以接受，但我知道这就是他真实的样子。"

伯特·海灵格（Bert Hellinger）在他的诗歌《我允许》[①]中，生动地描述了接纳的样子。

> 我允许
>
> 万事万物如此开始，如此发展，如此终结
>
> 因为我知道
>
> 一切来自因缘
>
> 发生皆是必然
>
> 若我质疑抑或否定
>
> 受伤害的只有自己
>
> 我唯一能做的
>
> 就是允许
>
> 我允许
>
> 每一种情绪，任其发展，任其消散
>
> 因为我知道
>
> 情绪只是生理的感知
>
> 本无好坏

---

① 本书中采用张书凡翻译的版本。——编者注

若我抵触抑或抗拒

受伤害的只有自己

我唯一能做的

就是允许

我允许

我本如此，如此行事，行我所行

因为我知道

外在只是自我的积淀

真正的我，智慧充盈

若我对此不再坚信

受伤害的只有自己

我唯一能做的

就是允许

我知道

我是为了当下的生命体验而来

在每一个当下，我唯一要做的

就是完全地允许、充分地经历、彻底地体验、尽情地享受

静静地看着，只是看着

然后，允许一切发生

——《我允许》

当你的孩子，不是你想要的孩子时

朋友是一位大学副教授，从小到大都是"别人家的孩子"，从学习到工作，再到结婚生子，可以说是一路坦途。用她自己的话说："我的人生从来没有经历过什么挫折。"

可她的儿子却在两岁时被诊断为自闭症。她的世界一下子就崩塌了，为了不错过儿子的黄金干预期，她离开了自己引以为豪的工作岗位，计划用两年的时间帮助孩子"回归正常"，她也好尽快回去工作。

辞职前两年，她每天晚上废寝忘食地学习各种课程、寻求方法、做训练计划，白天则按照计划陪儿子进行训练，每天在儿子的反应中寻找"进步"的蛛丝马迹，却发现希望越大，失望越大。她说，她渐渐丧失了做妈妈的本能，眼里只有儿子的缺点和差距。

在无数次的崩溃和挣扎之后，她开始觉醒，把眼光放在自己身上。她允许自己的情绪流淌，允许自己感到脆弱和无力……情绪释放后的轻松，让她的内心腾出了空间去接纳自己和儿子。

朋友的心路历程，就是对孩子从不接纳到接纳的过程。

一开始，她心里想的都是怎样改变孩子，希望孩子能够早日"回归正常"。这是对孩子的不接纳和不允许，她觉得自己的孩子不应该是这样的。

对孩子的不接纳背后，其实是她对自己的不接纳。

她自己从小到大一直非常优秀，完全不能接受自己的生命因为孩子而有这样一个"污点"，所以对孩子的不接纳，其实都是她对自己的不接纳投射出去的。

觉察到这一点，就是接纳的开始，但觉察并不等于接纳。

接纳都是从自己开始的。如果我们连自己都不接纳，又怎么能去接纳孩子呢？我们无法给出自己没有的东西。

但接纳自己并不容易。

接纳的第一步是承认。承认自己有时候确实还不错，但有时候也会很脆弱、很糟糕、很无力；承认自己会有情绪，会难过、会生气、会厌恶、会疲惫；承认自己会拖延、会抱怨、会低能量、会想放弃；承认这些都是自己的一部分，承认自己并不完美。

接纳的第二步是允许。允许自己在脆弱的时候求助，可以放过自己；允许自己在难过的时候低落，而不必强颜欢笑；允许自己生气，在感到厌恶的时候可以走开；允许自己在疲惫的时候休息和躺平 ①，而不必一直像个战士那样战斗。

只有我们越来越接纳自己就是个普通人、接纳自己真实的样子，我们才能真正地接纳孩子，才能看见孩子本来的样子，承认这就是真实的孩子，允许孩子按照自己的节奏自由生长。

我整理了两份接纳清单，你可以对照清单感受一下，你是否

①　躺平，网络流行词，表示没有任何反应或反抗的顺从心理。在部分语境中也可以理解为：瘫倒在地，不再热血沸腾地渴求成功了。——作者注

接纳自己有类似的想法。如果你也遇到了同样的情况，你是否可以接纳它们？

以下是关于妈妈自己的接纳清单。

1. 我会忍不住对孩子发脾气。

2. 邻居家的小女孩考了全班第一，我会忍不住和自己的孩子作比较。

3. 看到孩子不及格的试卷，我会很焦虑。

4. 我很疲惫，我希望有人可以帮助我。

5. 看到孩子犯错，我会担心他品行有问题。

6. 我担心孩子不受欢迎、会被排挤。

7. 我经常有各种负面情绪，比如生气、挫败、委屈、担心。

8. 我不是所有事情都能搞定。

9. 我其实很脆弱。

10. 有时候我觉得自己是个很差劲的妈妈。

11. 我对孩子有愧疚之心。

12. 我不够自信。

以下是关于孩子的接纳清单。

1. 和其他孩子相比，他需要更长的时间适应环境。

2. 他学新东西会比较慢。

3. 他不太擅长交朋友，总是在旁边观察。

4. 他的成绩不太好，比我小时候要差很多。

5. 他在班里没有存在感。

6. 他个子比较矮。

7. 他看起来没有好胜心，觉得怎么样都行。

8. 他不喜欢音乐，以及和艺术相关的一切。

9. 他有点固执，不太容易改变想法。

10. 他总是有负面情绪，特别爱哭。

11. 他不够自信。

12. 接受挑战对他来说有点难。

接纳不代表喜欢或认同，而是为这些东西腾出一个空间，允许它们与你同在。

在这个空间里，孩子可以感受到妈妈的陪伴和支持；在这个空间里，他可以悲伤、可以快乐、可以生气、可以害怕、可以无力，可以成功也可以失败，甚至还可以后退。这样的接纳会让孩子更有力量去面对和解决问题。

什么才是真正的接纳

在一次读书会上，我们谈到了"接纳"这个话题。

有的妈妈提出了疑问："我接纳了孩子，然后呢？"

有的妈妈说："我接纳孩子了，但他还是不改呀。"

还有的妈妈说："我知道要接纳孩子，但我确实做不到。"

如果你对孩子的"接纳"还带有期待，比如期待"接纳"之后孩子的行为有所改变，你所做的就不是真正的接纳，而是披着控制外衣的"伪接纳"，实际上你还是希望改变孩子。

当孩子感受不到真正的接纳时，他就无法发展自己的能力，也无法改变自己的行为。

此时你需要向内看：孩子的某个"不可接纳"的行为对你来说意味着什么？

如果你无法做到真正的接纳，可能是因为你和自己童年时期某个悬而未决的事件"迎面相遇"了。这意味着你有类似的问题没有解决，或者有类似的情感被压抑，这在心理学中叫作童年时期的"未完成事件"。

当你开始觉察自己内在的这个部分时，你会清楚地看到，只有经过学习和成长，你才能真正帮助孩子走出他的困境。如果你不愿意学习和成长，你就很难真正帮到孩子。

一位妈妈向我求助，说她儿子在上小学三年级，每天完成作业都很困难。有时候是忘记带本子，有时候是错题太多，有时候是上厕所拖延，有时候是作业太多，有时候是单词记不住，有时候是作文不会写……

我告诉这位妈妈，孩子有这样的表现，说明他在学习上遇到了困难。她需要系统学习一下如何更好地支持他学习，而不是一直做孩子的"差评师"。但这位妈妈还是执着于孩子完不成作业这个"外在表现"，无法接纳孩子的行为，更无法看见孩子的真实需要。

这位妈妈需要停下来，看看"完不成作业"这件事对她来说意味着什么。

可能是童年时期的自己有类似的经历，被老师或家长惩罚过；可能是自己觉得小时候学习不够努力，心中有很多遗憾；可能是自己因为学习问题而错过了某些重要机会……所以，在面对孩子的学业时，她心中深埋的恐惧和无力感被激活，她因此被困住了，从而无法看见真实的孩子。

所以，我们要感谢孩子，让我们有机会疗愈自己内在的伤口，重新养育自己。

当这位妈妈处理好自己和学习的关系时，她就知道孩子在学习上的表现激活了自己的很多感受，但那些感受是自己的，和孩子无关。

只有当她照顾好自己的感受、为自己的感受负责时，她才能接纳孩子当下的表现。允许孩子慢一点、允许孩子按照自己的节奏生长，并为孩子的学习提供他所需要的支持。当孩子感受到妈妈的接纳时，他就会有更多的心理能量，也能成为更好的自己。

接纳和要求并不冲突

读到这里，你可能会有疑问：孩子所有的行为我都要接纳吗？难道我不能对孩子有要求吗？

其实，接纳和要求并不是对立的，二者并不冲突。

接纳是在人的层面，看到行为背后表现出的人的状态。 我对你这个人和你当下表现出的状态是接纳的、包容的、允许的和欣赏的。

不管你的外在表现如何，我都是爱你和接纳你的。我不会因为你的行为表现而评判你，你也不必担心因为表现不好而失去我的爱。

而要求是在行为层面，在接纳和允许的前提下，我可以对你有行为层面上的要求和指导。 也只有在接纳和允许的前提下，父母才真正拥有教养的权利，此时的要求和指导才是有效的、有意义的，对孩子来说才是可接受的。

如果父母内心并不接纳孩子，只在行为层面去指导和要求孩子，传递出的就是对孩子这个人的评判，比如：你成绩不好就是不认真，或者脑子笨，你得好好学习；你的错题反复错，就是不用心，你得多做题；你交不到朋友就是不合群，你得勇敢主动……

这样的外在要求，给孩子的感受是指责和评判，不但无法改变孩子的行为，还会给孩子增加额外的压力。

《自驱型成长：如何科学有效地培养孩子的自律》①一书中介绍了一种叫作"ACT"的公式化解决方案，即接受（accept）、选择（choose）、行动（take action）。

接受：我能接受以下想法，比如"我的孩子确实交不到朋友/成绩不好/运动能力差"等，而且我理解这些情况是他人生道路的组成部分。

选择：我选择用自己的视角来看待这件事，做一个接纳孩子的、有共情能力的父母，和孩子建立一种有支持性的亲子关系。

行动：我将采取行动，为孩子提供帮助，专注于发展他的优势，在必要时为他设立边界、树立榜样，帮助他做好适应社会的准备。如果我的能力不足以支持他面对困难，我会在必要时为他寻求第三方的支持和帮助。

这样，父母对孩子的要求是在接纳孩子的前提下做出的有意识的选择、有计划的行动和有步骤的训练；立足于当下的问题，是为了训练孩子的能力，以迎接未来的挑战。这样的要求就是孩子的成长需要的、有价值的要求。

正如科恩博士所言：**"接纳并不是对表面行为的被动接受，而是对内心需求的准确回应。"**

---

① 威廉·斯蒂克斯鲁德，奈德·约翰逊. 自驱型成长：如何科学有效地培养孩子的自律 [M]. 叶壮，译. 北京：机械工业出版社，2020.

👁 觉察日记

　　1. 用几个词来形容一下你的孩子。你怎样看待你的孩子？你接纳这样的孩子吗？

　　2. 用几个词来形容一下自己。你觉得自己怎么样？你喜欢这样的自己吗？

| 第四节 |

挑战：绝大多数的问题行为，
都是发展性行为

孩子的成长过程，总是伴随着各种各样的问题和挑战。

很多父母只看到了问题行为，却忽略了孩子行为背后的感受和需求。

其实，**孩子的每一个负面行为，都有一个积极的动机。**孩子试图用这些负面行为满足自己的内在需求，只是这些行为并没有在现实层面解决问题，反而被父母定义成了"问题"。

一个行为倒退的孩子，只是在确认父母对他的爱；

一个叛逆的孩子，只是想独立、想长大；

一个总是捣乱的孩子，只是想和大家一起玩；

一个拖拉磨蹭的孩子，只是在缓解面对作业时的压力……

从这个角度讲，**孩子的问题行为恰恰是其内在的真实问题和需求的解决方案。**

只是，他们靠自己无法解决问题，所以在通过问题行为向父母发出求救信号。如果父母可以读懂孩子的信号，看到孩子行为背后的真实需求，并有意识地用积极的方式满足孩子的内在需求，等孩子的需求得到满足后，其负面行为自然会消失。

这也源自父母对孩子的相信——相信每个孩子都想变好，也能变好。没有任何一个孩子想把自己"搞砸"，他们只是需要帮助而已。

哪里有催促，哪里就有拖延

孩子做事情很磨蹭，催他好几遍，他还是一动也不动；

半小时能写完的作业，孩子总是要花两个多小时；

孩子做什么事情都很慢，吃饭也慢，看书也慢，起床也慢，睡觉也慢……

"拖拉磨蹭"是被父母询问最多的养育难题，而且不分年龄、不分国籍，可以说，它是全球"通用"的养育挑战。

我从四个角度来帮助你理解这个难题。

首先是节奏的问题。

"拖拉磨蹭"本就是父母站在成年人的角度给孩子的一种评判。相较于大人的节奏，孩子一定是慢的。

大人的节奏和孩子的节奏是完全不同的。孩子是活在当下的，他们从一个场景转换到另一个场景需要更长的时间，而大人却可以同时做很多事。

如果父母是急性子，做什么事都雷厉风行，就会更加无法接纳孩子的"慢"。父母总是忍不住催促孩子，结果越催越慢。

长远来看，总是催促还会打乱孩子的节奏，让孩子无法按照自己的节奏安排生活。一旦失去了"催促"这个外力，孩子往往会不知所措，失去自己做出安排的能力。

所以，**父母要学会和孩子"调频"，为孩子留出足够多的"转场"时间。**

其次是情绪的问题。

有时孩子迟迟不开始做一件事，是因为他在面对这件事情时感到了压力，比如：孩子因为不想完成妈妈安排的晨读或不想上学而拖延起床时间；作业太多或太难，孩子迟迟无从下手，陷入了畏难情绪。

这时，如果父母一味地催促，并不会让孩子更轻松，反而会给孩子增加额外的压力，让孩子的感受变得更差，从而更加不想做这件事。比如，父母一提到写作业，就会触发孩子的压力和焦虑。

想想看，你自己在生活中是不是也有"拖延症"呢？有时我们迟迟不开始做某件事，只是因为自己被压力困住了。

我们需要帮助孩子解压，并逐步让孩子学会自我调节。比如，用轻松的起床游戏叫孩子起床，或在开始写作业前先和孩子玩一会儿亲子游戏。**孩子感觉好，才能做得好。**

再次是技能的问题。

父母都期待孩子能自己安排好学习时间，主动高效地完成作业。殊不知，这其实是一项需要学习和练习的技能。**孩子不是不想做到，只是因为缺乏技能而做不到。**

尤其对低年级的孩子而言，靠自己做到合理规划时间、高效完成各科作业，是有难度的。他们需要父母的支持。

如果父母只是催促、对孩子提要求，一旦孩子达不到要求就忍不住说教和质疑，孩子就会在这个过程中逐步形成负向的自我认知：我很笨，我怎么努力也没用，我做不到。

此时家长需要反思，是否可以帮助孩子搭建脚手架，和孩子一起将任务分成几个具体可行的步骤，用实际行动帮助孩子开始做事，并在过程中逐步训练孩子的各项技能。

儿子第一次报名参加英语大赛的个人赛，却迟迟没有开始准备演讲稿。我注意到爸爸催促了他好几次，可两周过去了，他还是没有开始准备演讲稿。

准备演讲稿其实需要很多环节，比如确定主题和要求、整理素材、根据限定时长写初稿、修改完善等。写英文演讲稿是一项需要刻意练习的技能，父母需要承担脚手架的角色，和孩子一起搞清楚每个环节。孩子清楚自己需要做什么，才能更好地开始做。

在这种情况下，孩子的拖延所传递的信息，其实是他需要帮助了。

最后，是专注力的问题。

有的孩子太容易被周围的环境干扰，或者一遇到需要思考的难题就走神，无法进入深度学习状态，其实都是因为注意力的缺失。

专注力指的是孩子专注地做一件事的能力，它受到多方面因素的影响。

比如：专注时间的长短是随着孩子的年龄增长而变化的；有的孩子的天生气质中"注意力分散度"这一项偏高，他们很容易受到周围刺激的影响而分心；有的孩子因为总是被过度催促和安排，缺乏自主性和责任感，从而对学习失去兴趣，无法专注；有的孩子则是在后天的养育环境中被父母过度干预，总是被打断、被提醒着改错，无法专注地深入思考。

所以，父母需要反思自己的养育方式，想想自己是否对孩子的专注力发展产生了负面影响。

好消息是，**孩子的专注力是可以通过后天训练培养的。**心理学家丹尼尔·戈尔曼（Daniel Goleman）说，**我们可以把专注力视作意识的肌肉，它可以通过锻炼得到强化。**

养育不是只有"管"和"不管"

我每天都会接到大量的咨询，以下这些问题，相信每个家庭都或多或少地遇到过。

孩子生病了却不想吃药；

题目做错了，孩子却怎么说也不改；

孩子在家不穿拖鞋，说了很多次，可孩子还是不穿；

孩子不想分房睡觉，总是半夜跑到父母的房间……

在咨询中，我通常不会直接给出答案，而会通过提问，引导妈妈们重新看待问题，自己找到解决方案。因为**我相信，每个人都是解决自己问题的专家，最了解具体情况的还是妈妈自己。**

但是，问着问着，这些妈妈通常都会有一个不约而同的反应："那我该怎么办呢？难道我就不管了吗？难道这个药就不让他吃了吗？难道这个题就让他一直错下去吗？"

好像她们在面对问题时，只有"管"与"不管"两种选择。而她们找我咨询的主要目的，就是想要找到一种方法，可以立刻改变孩子，让孩子听话照做。

这些妈妈忽略了一个问题：**孩子的每个问题行为背后都有一个未被满足的需求。**只有这个需求被看见了，行为层面的问题才能真正得到解决。

儿子不到四岁时，我们就开始安排他分房睡觉了，但是他一直反反复复。我们约定每周六晚上一起睡，这是他非常期待的特殊时光。我们会开一场"卧谈会"，互相表达欣赏，还会一起聊一聊这一周的成长。

虽然有这样的约定，但每隔一段时间，儿子都会突然变得特别黏人，找各种借口苦苦哀求，想睡在我和他爸爸的房间里。

快过九岁生日时，儿子又开始要求和我们一起睡。几次沟通无果后，我问他："你是不是觉得自己要长大了，会离爸爸妈妈越来越远了，所以你希望能和我们一起睡觉，这样你会觉得自己还是个小孩子，爸爸妈妈会永远和你在一起？"

听了我说的话，儿子突然从很烦躁的状态变得很乖巧，开始很安静地躺在自己的床上。我搂着他聊了会儿天，他很快就睡着了。

根据皮亚杰的认知发展理论，儿童的思维发展过程不是从一个阶段自然发展到另一个阶段的，而是一种循环模式，即从一种平衡到不平衡，再到高一级的平衡，如此循环往复。在此期间，孩子的思维会逐步发展和成长。

处于平衡阶段的孩子很少会遭遇内部与外部世界中的困难；但处于不平衡阶段的孩子容易遭遇混乱和焦虑，很情绪化，经常表现出行为倒退的情况。此时的孩子需要父母更多的关爱和支持，而等他度过混乱和焦虑的阶段，父母就可以一直放松到下一个平衡阶段结束。

所以，行为倒退的孩子很可能正处于不平衡阶段。如果父母看到了孩子行为背后的需求，对他做到了理解和接纳，孩子就会更好地度过不平衡的挑战阶段。其实，每一个阶段的挑战也是在为孩子整合外部经验和知识留出时间，为进入下一个阶段做好准备。

孩子不是在一夜之间长大的。如果你只想从行为层面解决问题、改变孩子，那么你通常会失望。理解孩子行为背后的需求，父母才能更好地支持孩子面对和解决问题。

孩子不是因为父母的批评、指责和纠正改变的，而是因为父母真正的爱、理解和接纳改变的。

孩子有自己的成长节奏

在面对问题时，父母往往希望马上解决问题，否则他们就容易陷入焦虑，一直想方设法地改变孩子。有的父母甚至会用奖励或惩罚的方式，只是为了让孩子的行为符合自己的期待。

有位妈妈曾向我提到，她和孩子好好沟通时，孩子就是不听，她忍不住大吼一顿，孩子反而立刻听话照做了。

很多妈妈经过学习，希望能够共情、理解、接纳孩子，但这些方法并不能在短期内看到效果。相反，用惩罚、奖励、吼叫的方法，确实能够比较快地看到效果。

那么，到底怎么做才对呢？

这里的核心是，我们是在用爱驱动孩子，还是在用恐惧驱动孩子做出改变？我们是在帮助孩子建立内在的自我评价系统，还是在教会孩子借助外在的评价系统来看待自己？

如果孩子被恐惧驱动，因为害怕失去妈妈的爱而改变，那么，即使他在行为上做出了改变，但其内心深处的真正需求也没有被看见。恐惧还是会极大程度地破坏孩子的安全感，剥夺孩子体验自我成长带来的成就感。

如果孩子太依赖外部的奖励和惩罚，一旦失去了外部的评价系统，孩子就会无所适从。这样的孩子付出努力仅仅是为了追求外部的评价，往往会因过分在意别人的评价而失去了自己。

事实上，孩子是一点一点长大的。太快的成长，对孩子来说往往是一种伤害。

科恩博士在《游戏力养育》[①]一书中总结了关于孩子成长节奏的几个重要原则，大致如下。

- 正常的成长状态多种多样。绝大多数问题都是正常的发展问题。

- 每个孩子都是与众不同的。没有普遍适用的成长模式。

- 成长是一件水到渠成的事情，不需要强迫。它并不会因为旁人做了什么而加速。

- 更快并不意味着更好。成长并不是一场竞赛，太快的成长也许是一种伤害。

- 每个阶段都有自己的"麻烦"。成长往往与麻烦如影随形，在某些阶段，一些父母可能会比其他父母经受更多的压力，这很正常。

---

① 劳伦斯·科恩. 游戏力养育 [M]. 刘芳，李凡，译. 北京：北京联合出版公司，2020.

- 不管孩子经历什么样的挑战，父母都不是一个人在战斗。你们遇到的挑战别人也会遇到。

以幼小衔接为例，经常有小学一年级学生的父母向我抱怨：孩子上一年级之后，写字歪歪扭扭，不能自主阅读，写作业拖拉磨蹭，总是丢三落四，很简单的题目也不会做……父母打也打了，骂也骂了，可孩子还是做不好，他们感到非常无力。

其实，这些所谓的"问题"，都是孩子发展中的正常行为。

细想一下，刚上一年级的孩子，和幼儿园毕业仅仅隔着几个月的暑假而已。孩子不是一夜之间长大的，写字、自主阅读、整理书包、写作业，这些都是需要学习和不断练习的技能。父母真正要做的事情是支持和帮助孩子，给孩子一些空间，让孩子按照自己的节奏去慢慢学习，而不是用惩罚或奖励的方式只在行为上要求孩子。

我一想到有的孩子会因为正常的行为而被惩罚和打骂，就特别心痛。所以，妈妈需要觉醒，需要站在孩子的角度理解孩子的发展性行为，而不要把孩子的正常行为当成问题来解决。

你可能会问：到底什么样的节奏对孩子来说是最好的？答案很简单：**让你的孩子按照自己的速度和特点去适应环境，这样的节奏就是好的。这种做法背后传递的是信任——你相信孩子可以按照自己的节奏长大。**

孩子不是一开始就能做到为自己的作业负责的。可以说，整个一年级都是幼小衔接的关键阶段，需要父母为孩子搭建脚手架。

一年级时，我请儿子自己记录作业，并在每天放学后陪他一起安排作业时间。他写作业时，我就坐在旁边看书和备课，我们互不打扰。

二年级时，我开始退出他的房间，由他自己安排作业时间。他经常出现忘记作业、忘带书本的情况，我会在他需要时和他一起讨论解决方案，并支持他做出的任何选择。在这个阶段，他需要的是我的信任，我允许他去做、允许他去错，他就会逐步承担起独立写作业的责任。

三年级时，他写作业的过程已经完全不需要我参与，他也很少出现遗忘的情况。他已经可以做到为自己的作业负责了。偶尔出现意外状况时，我只需要陪他复盘，他就可以自己做出调整。

◎ 觉察日记

　　1. 你的孩子最近带给了你哪些挑战？你认为，孩子的行为背后有什么样的正向意图呢？

　　2. 回顾孩子的成长经历，曾经有哪些挑战如今在你眼中其实是发展性行为呢？你当时是如何处理的？

习惯：怎样让孩子不再沉迷于电子产品

说起让父母头疼的养育挑战，电子产品的使用往往是最先被提及的。

而且，随着孩子的年龄增长，父母和孩子之间因电子产品而产生的冲突会愈演愈烈。尤其在孩子进入青春期后，如果没有良好的亲子关系作为沟通基础，处于这个阶段的孩子和父母都会过得很艰难。

这是因为，**孩子的大脑正在发育，被称为"大脑控制中心"的前额皮层尚未发育完成，所以仅仅让孩子依靠自控力去控制电子产品的使用几乎是不可能的。**

而父母可能会对电子产品认识不足，缺少正确的方法去支持孩子。有时他们还会觉得管也不是，不管也不是，进退两难，心中充满深深的无力感。

事实上，失控的孩子正需要父母的帮助和支持，而父母的无力感会传递给孩子，反而加重了孩子的焦虑、孤独和无助感，这样的感觉把孩子进一步推向了电子产品。

于是，电子产品成了孩子逃避问题、处理情绪的载体，久而久之，如果这样的循环重复足够多次，这部分大脑神经通路就会成为大脑处理问题最便捷的通路，想去改变它会变得更难。

重视电子产品的危害

我们要先搞清楚，电子产品对孩子仍在成长中的大脑有什么危害。

短期来看，长时间使用电子产品，会让孩子的大脑处于压力之中，触发压力反应，使大脑分泌大量的压力荷尔蒙——皮质醇。过量的皮质醇会导致孩子出现严重的情绪问题，如焦虑、抑郁、孤独感等，甚至会损伤大脑的发育。

此时的压力反应是不健康的压力反应，你所观察到的孩子的表现，正是孩子处于压力反应中的信号。压力反应一般表现为惊呆、战斗和逃避状态。

惊呆状态：孩子在面对问题时拖拉磨蹭、情绪低落、犹豫不决，或是止步不前；

战斗状态：孩子面对你的提醒和催促表现出暴躁、易怒和消极对抗等状态；

逃避状态：孩子注意力分散，拒绝社交、拒绝沟通，房门紧闭，长期佩戴耳机，或沉迷电子游戏等。

如果你观察到孩子的上述行为，它们可能正是孩子的大脑处于压力反应中的表现。孩子没办法靠自己走出这种状态，此时需要父母参与进来，给孩子提供支持和帮助。

此外，长期处于压力状态下的大脑还会阻止催产素、血清素、内啡肽等健康激素的自然释放，而这些激素可以让我们体会到平静、幸福和满足感。

长期来看，孩子成长的任务之一是习得应对学习、工作、人际关系等方面的技能。这些技能包括如何与他人沟通、如何面对冲突和解决矛盾、如何处理不同的人际关系并与他人建立亲密关系等。

但如果孩子长期沉迷于电子产品，就会缺乏真实的社交经验，没有机会在真实世界中面对并处理冲突和问题，成年以后的他们将很容易缺乏社交技能，难以适应现实生活，从而选择继续在电子产品的世界里逃避现实问题。**所以，从小帮助孩子发展出健康的情绪应对机制极为重要。**

观察一下你的孩子是否进入了下面这种状态。

在遇到问题和挑战时，孩子会习惯性地使用电子产品解决问题。这会让孩子形成一种依赖性，让孩子习惯于即时满足，不再进行深度思考，凡事浅尝辄止。

在遇到现实层面的压力、焦虑等情绪时，孩子会习惯性地沉迷于电子游戏，在游戏中逃避问题，因多巴胺的分泌而感受到暂时的愉悦和快乐，却把真实的情绪压抑和隐藏起来。但是，这些真实的情绪不会自动消失，当它们被再次触发时，只会变得更加激烈。

在游戏中沉迷的时间越长，对应的大脑神经通路就越通畅，孩子也就越难回到现实层面去面对问题。而这样的模式会被孩子带到成年以后，成为其应对问题的固有模式。

游戏上瘾：贪婪的多巴胺

父母需要重视的是：孩子沉迷于电子游戏，很可能是其在面对现实生活中的情绪和挑战时的应对机制，这与父母对孩子的日常回应息息相关。

让我们带着自我觉察，来看一看孩子为什么会对游戏上瘾，而父母又做出了哪些"贡献"。

首先，游戏中的积极反馈无处不在。孩子在游戏中愈挫愈勇，正是因为游戏设计师的精心安排，他们深知人类的基本需求之一是被肯定和被看见，所以无论孩子在游戏中表现如何，都会收到各种各样的积极反馈，比如加分、升级、喝彩等。**游戏中是没有失败者的。**

此时，大脑会分泌多巴胺来奖励孩子，让孩子感受到愉悦、兴奋和满足，大脑也因此形成了正向反馈的通路。孩子接下来会想玩更多的游戏，以获得更多的多巴胺、更多的兴奋和愉悦感。

而回到现实生活，父母给孩子的反馈又是什么样的呢？

在生活中，每天围绕孩子的往往是：总被指出作业中的错误、分数上的差异、行为上的问题、习惯上的不足……不得不说，父母对自己的孩子可能并没有那么满意。这会让孩子总是产生挫败感，觉得自己这也不行，那也不行。

所以，孩子宁愿成为游戏中的"超级英雄"，也不愿意做真实生活中的"超级 loser（失败者）"。

其次，联机游戏满足了孩子与他人建立关系的需求。很多电子游戏是多人游戏，让孩子有参与感和归属感，觉得自己是团体中的一员，这会缓解孩子在真实生活中的孤独感。

所以，如果你直接关掉孩子正在进行的游戏，给孩子带来的是联结被切断的感受。这会让他觉得在朋友面前失了面子。此外，直接关掉电子游戏，也会让正处于压力状态下的大脑无法适应，孩子可能会把愤怒全部投射到你的身上，做出更极端的行为。

对孩子来说，玩电子游戏还有一种社交功能——让他和同学有共同语言。如果其他同学都在讨论同一款游戏，而你的孩子从来没听说过它，这会让他觉得自己被孤立了。

所以，**无论是在网络中，还是在生活中，电子游戏都承载了一部分满足孩子的社交需要的功能。**

最后，游戏中充满了各种冒险和新鲜好玩的刺激，这与孩子现实生活中的无聊、单调形成了鲜明对比。

有一些父母为了让孩子安静下来，会把手机当作"电子保姆"，这会让疲惫、烦躁的父母暂时得以放松。但这样做会带来长期的负面效应，孩子将无法耐受无聊，更无法独处，一有空闲时间就会拿起手机，比如排队等位时、等饭菜上桌时，而父母也对此表示默许。

对孩子来说，现实的生活有多无聊，游戏的世界就有多丰富多彩，他已经习惯了用电子游戏打发时间、探索更多的可能性。所以，**电子游戏满足了孩子的好奇心和探索欲。**

有时，玩游戏是孩子面对真实问题的解决方案。

在一节父母课堂上，一位妈妈扮演了一个一边玩平板电脑，一边写作业的青少年。其他父母想尽办法让这个"孩子"放下平板电脑、专心写作业，却忘记了问问"孩子"，她为什么会这么做。

当我采访这个"孩子"时，她说："我已经在很努力地写作业了，如果没有平板电脑，我可能连坐在这里都困难。"

是的，玩平板电脑可以成为孩子应对压力的一种方式，虽然这种方式并不健康，但父母要看到孩子付出的努力，并帮助孩子发展出健康的应对压力的方式。

读到这里，相信你已经明白了，**孩子之所以会沉迷于电子游**

戏，是因为电子游戏满足了孩子的心理需求，而大脑分泌的多巴胺也会让孩子想要玩得更多，很难靠自己停下来。

在真实的生活中，如果孩子的这些需求得不到满足，他们就只有在游戏中才能感受到自己的存在。所以，父母需要对此负责。想要从电子产品的手中"赢回"孩子，就需要改变自己对孩子的回应方式，并帮助孩子发展出自控力。

习惯的力量：建立新的神经通路

回想一下，你每天早上起床做的第一件事，是不是习惯性地拿起手机？

你睡觉前做的最后一件事，是不是也是看手机？

当你上厕所时、排队时、等人时，你是不是会习惯性地拿起手机？

当你坐在书桌前准备开始一天的工作时，你是不是会第一时间拿起手机？

当你在工作时用手机查完资料，是不是会习惯性地打开朋友圈和短视频看一看？

而当你对自己的状态有所觉察时，往往会猛然发现，一小时已经过去了。

我们必须意识到，手机已经近乎"劫持"了我们的生活。在写这本书时，我不得不把手机锁起来，这样才能确保我不被手机干扰。

我们必须承认，作为一个成年人，我们也很难在面对手机时保持很强的自控力。所以，对我们的孩子来说，他们的前额皮层尚未发育完成，他们玩手机停不下来、控制不住自己，是再正常不过的表现。

孩子需要我们的帮助！

解决过度使用电子产品这个问题的关键就在于"习惯"。我们的生活之所以被手机"劫持"，是因为我们在生活中重复了无数次拿起手机的动作，而随着时间的推移，大脑建立起了强大的神经通路，已经"习惯成自然"。

习惯是神经系统的运作模式，是我们下意识做出的行为。它之所以会成为下意识的行为，是因为这个行为被重复了足够多次。**杜克大学的研究人员在2006年做的一项研究表明，我们日常活动中有40%的行为都是依赖习惯的**。比如吃饭、喝水、刷牙等，这些事情不需要我们调动任何额外的资源和能量就可以完成。

而孩子沉迷于电子产品，也是由于习惯的力量。

当他感到无聊时就拿起电子产品，当他排队等待时就拿起电子产品，当他感到有压力、不想写作业时就拿起电子产品，当他感到孤单时就拿起电子产品……而电子产品从来不会让他失望，不断地刺激大脑分泌多巴胺，让他感到兴奋和愉悦，久而久之，拿起电子产品这个动作被重复了足够多次，其对应的大脑神经通路成了主干道，同时抑制了其他更健康的应对方式的神经通路的发展。

所以，**想要让孩子不再沉迷于电子产品，最好的方式就是建立一个新的习惯，重塑大脑神经通路**。既然习惯是因为重复足够多次而形成的，它就同样可以因为重复足够多次而被改变，但这并不容易，父母可以从以下几个方面入手。

第一，正视这个问题，不要害怕直接和孩子讨论电子产品的危害，并对孩子无法控制自己表示理解。

父母可以向孩子展示自己是如何使用电子产品工作的，并分享自己看手机停不下来的真实经历。重点在于，教会孩子把电子产品作为让学习和生活更便利的工具，而不是被电子产品消耗生命。

第二，建立使用电子产品的家庭规则，让孩子清晰地知道哪些时间可以使用电子产品，哪些时间不可以。

父母可以和孩子一起讨论每日时间安排，双方都要有机会表达自己的想法，并且安排"试用期"，在尝试一段时间后进行回顾并不断调整。重点在于，孩子需要父母的帮助才能做到这些，父母要在过程中始终陪伴着孩子，直到其形成新的大脑神经通路。这需要父母有足够多的耐心。

第三，教给孩子健康的情绪表达和情绪调节方式，为其提供电子产品以外的更多选择和解决方案。

替代方案包括亲子游戏、户外活动、绘画、冥想等。重点在于，父母要愿意为孩子花时间，和孩子一起做一些有意思的事情，培养孩子的兴趣爱好，鼓励孩子加入更多的社交团体，让孩子在电子产品以外的世界中找到价值感、成就感和归属感。

第四，成为孩子的榜样，用自己的行为为孩子做出示范。 如果父母总是习惯性地拿起手机，孩子就会认为这个行为是可以被接受的。所以，改变孩子，从改变自己开始。

形成新的习惯并不容易，孩子需要在父母的支持下重复足够多的次数，直到新的神经通路形成，用新的习惯替代原有的习惯。**父母要对此有合理期待，陪孩子一起做到，而不是仅仅要求孩子做到。**

如果孩子已经出现了手机上瘾的情况，父母无法和孩子进行沟通，请尽早寻求专业支持。父母和孩子都需要更多的心理支持，才能更好地面对这个挑战。

👁 觉察日记

　　1. 你是怎样看待电子产品的？当孩子玩电子产品时，你通常有什么样的反应？

　　2. 你们家有没有建立使用电子产品的日常规则？如果没有，你从今天开始可以做些什么来培养孩子的习惯？

第六章

课题分离：妈妈学会放手，孩子才能自我管理

| 第一节 |

责任：分清溺爱和爱，让孩子更有责任感

你是不是总想为孩子做点什么？

孩子几个月，看到玩具想自己爬过去拿，你二话没说直接塞到孩子手里；

一岁多，孩子自己吃饭弄得满身满地都是，你受不了这样的脏乱，于是主动给孩子喂饭；

两岁多，你受不了孩子哭，于是孩子要什么就给他买什么；

五岁多，你受不了孩子早上穿衣服慢，担心他迟到，顺手就给孩子穿上了衣服；

七岁多，孩子上了小学，为了节省时间，你每天替孩子收拾书包、整理桌面；

……

你为孩子做了这么多，你觉得这是爱，是为了孩子好，可孩子呢？他开始"衣来伸手，饭来张口"，无法独立生活，更无法适应学校的学习和社交环境，遇事只会找妈妈，缺乏责任感。

溺爱不是很多的爱，而是对孩子的伤害

其实，上述做法的本质，是分不清爱和溺爱的区别。

有人说，父母之爱子，则为之计深远。父母爱孩子，就需要帮助孩子习得各项技能，为其将来适应社会、独立生活做好准备，而非替孩子解决问题，或试图扫清其成长路上的一切障碍。

既然如此，父母为什么会溺爱孩子呢？一般有以下几个原因。

首先是父母有自我匮乏感。很多父母小时候被严格限制，产生了物质和精神上的匮乏感，后来他们无节制地满足孩子，其实是想满足小时候的自己。看起来他们是在给孩子买东西，其实是在买给自己。

这样做，一方面忽略了孩子的真实需求，另一方面也是在"告诉"孩子，妈妈爱自己是不对的，只能拼命爱自己的孩子。

一位妈妈给全家挑了可爱的亲子睡衣当作礼物，可是孩子并不喜欢，问妈妈可不可以自己选礼物。那一刻妈妈觉察到：全家穿同款亲子睡衣的温馨感和仪式感，其实是自己小时候不曾体验到的，是自己想要的，并不是孩子想要的。其实她买睡衣也是为了满足自己。

其次，有的父母溺爱孩子是因为不想让孩子受苦。父母因为自己小时候吃了很多苦，而现在生活条件好了，所以想尽办法满足孩子的一切需要，就是不想让孩子和曾经的自己一样。这样的满足从物质上延伸到了精神上，却一不小心剥夺了孩子的成长机会。

孩子自己拿到几米外的玩具，自己学会吃饭、穿衣服、系鞋带，这些都是靠自己的努力独立完成的事。虽然可能会受挫，但孩子体验到了自己的突破和成长，这样的体验对孩子来说是宝贵的，**他们在自己的体验中相信：我能行，我可以自己搞定一切。**

如果父母代劳，虽然能带来短暂的轻松，但**孩子会逐渐相信：我不行，我搞不定，我很弱小，我只能依靠父母解决问题。**

心理学家阿尔伯特·班杜拉（Albert Bandura）提出了"自我效能感"这个概念，它指的是一个人对自己是否有能力完成某个行为所进行的推测与判断。

而溺爱会严重影响孩子的自我效能感。

最后，还有一种溺爱，表面上是父母对孩子情绪的不耐受，实际上传递给孩子的却是不信任。父母不相信孩子可以承受失望、挫败这些情绪，所以通过替孩子做事来"解救"他们自己。

两三岁的孩子，经常会因为搭不好积木而受挫，如果父母可以耐心陪伴在孩子身边，孩子通常会一边哭一边继续尝试。但还有很多父母会直接替孩子把积木搭好，从而剥夺了孩子面对挫折的机会。这样真实的挫折还体现在孩子画画、社交等独立尝试和探索各种事物的过程中。

此时，父母只需要耐心陪伴。对孩子来说，不做什么，比做些什么更重要。从某种意义上讲，遭受挫折也是孩子的一项权利，父母需要尊重孩子的这项权利。

有时孩子会因为被拒绝而生气和失望，这也是孩子人生中的重要课题。父母不想让孩子失望，急于满足孩子，其实是在向孩子传递：我不相信你可以独立面对这种失望。

有时父母会对孩子缺乏耐心，等不及让孩子慢慢长大。可如果父母过度代劳，帮助孩子打点好一切，孩子就没有机会独立处理各种事务，也无法在做的过程中学习并累积成功经验。

各项能力的掌握，是需要依靠后天的学习和练习的，比如收拾书包、整理桌面、记录作业等。如果一切都无须自己动手，孩子就没机会去做、没机会去错、没机会在错误中修正，也没机会进行一次又一次的练习，从而逐步丧失行动力和独立面对问题的勇气。这样的孩子容易凡事都依赖他人，以自我为中心，认为父母替自己做一切事情都是理所当然的。

生活中的困难和挑战无处不在，而被溺爱长大的孩子并没有准备好去面对这一切，只会成为温室里的花朵，无比脆弱。

父母的溺爱，会让孩子过度依赖他人并缺乏责任感。长大后的孩子，往往对父母既爱又恨，爱父母为自己付出了很多，也恨父母剥夺了自己成长的机会。这样的孩子，无法获得真正的幸福。

真正的爱，是让孩子成为他自己

那么，什么才是真正的爱呢？

父母愿意花时间了解孩子不同阶段的成长需要，及时看见和满足孩子的真实需要；逐步放手，允许孩子按照自己的节奏去成长；愿意花时间陪伴孩子习得其独立所需的各项技能……

简单来说，能够帮助孩子做好独立面对世界的准备的爱，才是孩子需要的爱。 奥地利个体心理学家阿德勒提到过：被溺爱的孩子会失去面对生活的勇气，产生自卑感；他们容易以自我为中心，丧失与他人合作的能力。

孩子是一个独立的个体，他要用自己的方式形成对自己、对他人和对这个世界的认识，搞清楚"我是谁""我如何与这个世界、与他人互动"。

一方面，允许孩子自由探索，给孩子独立生长的空间；让他去做，让他去错。

溺爱也是一种控制。如果父母过度保护，孩子就没有机会去探索和尝试，也没有机会做决定，会逐步丧失自我管理的能力；孩子没有经历过自主探索过程中真实的挫折，就没有机会培养"挫折商"，即健康、良性的挫折应对方式，也会丧失学习独立生活和为自己人生负责的机会。

孩子是在体验中成长的。被溺爱长大的孩子，表面上听话乖巧，内在却没有自信，只能通过他人的看法认识自己，会对自己的人生产生强烈的无力感。

然后，尊重孩子的真实感受，让孩子自己做选择，并为自己的选择负责。

人们常说，有一种冷，叫作妈妈觉得孩子冷。很多妈妈会把自己的感受投射到孩子身上，认为自己的感受就是孩子的真实感受。如果一个孩子连自己是冷是热都不能做主，他就会否认自己，不再相信自己的感受和判断，进而产生自我怀疑。

心理学家曾奇峰说："生命的价值在于选择，但做父母的常常忘记这一点，他们不让孩子去做选择，总是忍不住要替孩子做选择。但是，如果父母什么都替孩子做主，那么就无异于是在杀死孩子的生命。"

让孩子自己做选择，意味着父母要学会放手，确定好必要的规则和底线，在此基础上让孩子自己做决定，并为自己的人生负责，只在孩子需要时提供帮助。**父母的功课，则是要学会和自己的失控感好好相处。**

另一方面，允许孩子按照自己的节奏成长，花时间陪孩子训练各项技能。

罗马不是一天建成的，孩子也不是一夜之间长大的。溺爱型父母希望孩子少走弯路，不忍心让孩子经历挫折，等不及让孩子自己慢慢成长。这样的父母对孩子缺乏耐心，也会让孩子失去信心。

而所有的技能都是在学习和无数次的练习中，在承担错误可能带来的后果并修正错误的过程中，一次又一次地积累正向的经验，逐步训练而成的。

孩子需要父母的耐心等待，需要被允许按照自己的节奏慢慢长大。这样的孩子，有足够的时间独立思考并发展解决问题的能力，看起来速度会慢一点，但反而成长得更踏实稳定，更有责任和担当。

◉ 觉察日记

1. 在生活中，你会溺爱孩子吗？结合本节内容觉察一下，溺爱行为可能和你自己的哪些成长经历有关？

2. 如何给予孩子真实的爱？支持孩子成为他自己，第一步可以做些什么？

犯错：孩子犯了错，父母该怎样正确引导

你是如何看待孩子犯错的？

以下是一些我观察到的，父母对于孩子的错误的态度。

指出孩子的错误，并提醒他改正，是我的责任！

我如果不反复提醒他，他怎么会改正呢？

我都说了很多次了，他还是不改，长大了可怎么办？

我如果不让他长教训，他就会觉得犯错是理所当然的！

在这些态度背后，有一个假设：犯错是不好的，是需要坚决制止的。

仔细体会一下，这些态度背后，还隐藏着父母的恐惧。好像有一个声音在不断提醒着父母："如果不改正错误，就会导致严重的后果，甚至孩子这一生可能就完了！"

读到这里，你可能也会疑惑—— 一次错误真的会影响孩子一生吗？可许多父母就是这么有想象力，针对孩子的一次错误就能联想到孩子的未来，甚至给孩子的一生都下了定义。

于是，在父母的影响下，孩子逐渐形成了对犯错的如下认知。

我不应该犯错！

我犯错了就是不好的！不能让爸爸妈妈知道！

都是我不好，我什么都做不好！

带着这样的压力，孩子始终活在对错误的恐惧中，担心犯错之后被父母指责和惩罚。孩子不仅无法发挥出自己真实的实力，而且还被限制了发展潜力。

其实，错误本身往往并不会对孩子造成负面影响，而父母对错误的批评和指责才会对孩子造成伤害。

此外，经常被批评和指责的孩子很有可能会失去对父母的信任，在犯了小错之后不敢告诉父母，试图用更多的错误来掩盖之前的小错，从而导致更严重的后果。

孩子只是做错事，并不是做错人

父母首先要改变的是对错误的传统认知，不仅要在行为层面纠正孩子，而且要看到孩子行为背后的根源。以"偷钱"和"撒谎"为例。

我曾接到很多父母咨询：孩子偷拿了家里的钱去买零食，剩下的钱还不敢拿回家。父母偶然间发现这件事后，如临大敌，于是对孩子严加管教，生怕孩子"偷盗成性"，养成坏习惯。

其实，成长中的孩子在不断试探各种边界。一开始，他们并不清楚家里对于钱的边界是什么；另外，他们似乎也懵懵懂懂地知道，好像拿钱的行为是不对的，所以剩下的钱也不敢拿回家。

父母发现了孩子的这个行为之后，不必把其定义为"偷盗"，更不必上升到孩子品行有问题，只需要清晰地告诉孩子，关于钱的边界是什么。比如："如果你需要买什么东西，要告诉爸爸妈妈，家里的钱是不能随便拿的。"一旦明确了这个边界，孩子知道什么行为是不被允许的，就可以了。

但如果父母把孩子的行为定义为"偷盗"，情绪反应很激烈，还反复强调和提醒，生怕孩子再犯，反而会让孩子觉得这个行为很有"力量"，居然可以让父母有这么大的反应，于是这种感受会反过来强化孩子的行为，让孩子变得"屡教不改"。

我在小学二年级时就有过亲身经历。

我偶然间在抽屉底层看到了一些闲置已久的硬币，于是拿去买了糖豆。尝到甜头的我之后每天都在抽屉里翻找各种硬币去买糖豆，后来商店的老板觉得事情不对，就给我妈妈打了电话。

我妈妈知道后，只是问了一句："你是不是从抽屉里拿钱了？"自知理亏的我鼓起勇气承认了。妈妈没有指责我，而是告诉我以后需要钱可以找她要，但家里任何地方的钱都不能随便动。此后她再也没提过这件事。而我在明确了这个边界之后，再也没有犯过同样的错。

　　我很感谢妈妈的处理方式。一方面，她让我知道了自己的行为是错的；另一方面，她向我传递了信任，这份信任让我再也没有犯过相同的错误。

　　在成长过程中，孩子难免会出现类似的偏差行为。作为父母，我们只需要清晰地告诉孩子什么是对的、什么是错的就够了，而不要因为一次错误就给孩子下"品行不端"的定义。

　　把犯错看作"试错"，给孩子一个犯错的空间，允许孩子在真实的体验中成长。

　　孩子感受到小错带来的反馈和后果，就可以避免将来犯更大的错误。如果孩子从小规避了所有犯错的机会，一旦离开父母的庇护，长大之后很有可能出现犯大错的情况。

　　这里引出了另一个话题。你可能会说："如果是我的孩子，他可能会撒谎，或者找借口搪塞过去，而不是主动承认错误。"

　　那么，在"撒谎"这个行为背后，孩子的内在又有着怎样的心路历程呢？——"如果我说出事实，妈妈会不会惩罚我？我是安全的吗？"

　　如果孩子觉得自己犯了错是不被接纳的，甚至有可能会被打骂和惩罚，孩子就不会主动承认错误。

　　有的父母会用引诱的方式让孩子承认错误。他们口头上说："你只要承认错误我就不惩罚你，不会和你计较。"可一旦孩子承认了错误，他们就会不依不饶地对孩子进行批评和惩罚。

这样做，只是证明了孩子做了错事，并不会让孩子主动改正错误，同时还会失去孩子的信任。

所以，从某种程度上讲，是我们处理问题的方式不当导致孩子和我们之间没有建立良好的互动模式。在出现问题后想要调整孩子的行为，父母还是要从调整自己的回应方式开始。

在学习中，犯错反而是进步的机会

心理学家马努·卡普尔（Manu Kapur）在 2006 年提出了"有效失败"的概念，他指出，"有效失败"在学习中起着重要作用。

允许孩子犯错，反而是其自我提升的开始。

父母要引导孩子重视错题。

错题体现的是孩子知识学习中的薄弱环节。如果同类型的题目反复出错，这里一定隐藏着让孩子进步的秘密，需要特别关注。

前文提到，要引导孩子整理和分析错题，找到错题的真正原因，而不是把出错的原因简单地归纳为"粗心、马虎"。让孩子针对错题进行强化练习，可以有效提高其学习效率，避免盲目刷题。

二年级时，我儿子做基础运算总是出错。我们把错题全部整理到一起后发现：出错的题目几乎都和 5 的乘法口诀有关。于是我们重点强化了和 5 有关的乘除法及混合运算。一段时间之后，他的计算准确率就大大提高了。

允许孩子犯错，让孩子在真实的体验中学会自我管理。

很多父母受不了孩子犯错，不希望孩子承担犯错的后果，于是事无巨细地替孩子打点好一切。这样一来，眼前的结果看似是好的，却在长期上剥夺了孩子为自己负责的机会。

面对小学低年级的孩子，父母要让他自己整理书包、记录作业，并自己完成作业。

可有的父母就是受不了孩子丢三落四，于是反复提醒、过度代劳，期待着孩子到了高年级可以自动学会自我管理，却没有给孩子学习自我管理的机会。

父母要学会有步骤地放手，让孩子去做，让孩子去错。可以定期和孩子一起反思和梳理：从过去的错误中学到了什么？下一次该如何避免犯错？如何做出调整？只有这样，孩子才能在错误中逐渐学会自我管理。

与其关注错误，不如关注孩子的进步、成长和优点。孩子感觉好，才能越做越好。

有些父母陪孩子写作业时，总是忍不住指出孩子的错误，觉得只有这样才能让孩子做得更好。很多父母甚至会觉得，指出孩子的错误是自己的责任。

殊不知，总是打断孩子，会严重破坏孩子的专注力，使其无法进行深度思考；孩子如果在写作业时总担心自己写错，就需要分出一部分注意力来应对父母的提醒和指责；时间久了，孩子还会放弃对自己的作业负责，因为总有父母会帮助自己指出错误。

孩子写作业时，我对父母提出的建议就是：**迈开腿，管住嘴**。不要盯着孩子写作业，可以拿一本书看，或者离开孩子的房间去做点别的事情，不要在孩子写作业时指指点点。

如果一定要辅导孩子的作业，可以让孩子自己检查。不要盯着孩子的错误不放，而要关注孩子的进步、成长和优点，并将其反馈给孩子，帮助孩子对作业产生好的感受，孩子才会越做越好。

犯错的过程就是孩子逐步拓宽其能力边界的过程。通过改正错误，孩子可以一步步锤炼自己原本脆弱的内心，提升能力和自信。

借由犯错，培养孩子的成长型思维

很多孩子在小学时成绩还不错，上了初高中后，成绩却急剧下滑。

究其原因，一方面，初高中的知识难度提高，对孩子学习能力的要求更高了；另一方面，小学时很优秀的孩子在上了初高中之后，可能会发现身边的同学都很优秀，相比之下，自己并不是特别突出的那一个。

此时，如果孩子某次考试没考好，或在学习上遇到了困难，努力了却没有达到自己的预期，就很可能会对学业产生畏难情绪，产生负向的自我认知；情况严重的孩子甚至会心理崩溃、厌学乃至退学。

因为成绩不错，这些孩子从小经常被夸赞"聪明"。为了维持"聪明"的标签，他们小心翼翼，不允许自己出错，逐步养成了固定型思维模式。他们相信，自己取得好成绩是与生俱来的能力；一旦受挫，他们就将此归咎为自己能力不足，于是畏惧挑战，甚至轻言放弃。

美国心理学家卡罗尔·S.德韦克（Carol S. Dweck）经过20多年的调查和研究发现，**围绕个人能力存在着两种思维模式，即成长型思维模式和固定型思维模式。**

具备成长型思维模式的人不怕失败，他们敢于接受冒险和挑战，习惯于从失败和错误中吸取经验教训；他们更重视过程，相信通过努力可以改变现状并获得成功。

而具备固定型思维模式的人很在意他人的眼光，更关注结果而非过程；他们无法接受自己的失败，内心深处备受打击，从而回避困难和挑战；他们相信努力也没有用，只喜欢待在自己的舒适区。

其实，在人生中，出错不可怕，可怕的是没有出错的勇气；遇到困难不可怕，可怕的是缺乏面对困难的勇气。

很明显，拥有成长型思维的人，走得更远，也更容易成功。**所以，如何面对错误，对于孩子形成怎样的思维模式意义重大。**

父母需要以身作则，为孩子示范面对错误的态度。放下对错误的恐惧，才能更好地支持孩子从错误中学习：**犯错是学习和成长的好机会。**

这个理念不仅仅适用于孩子，同时也适用于我们自己。我们只有发自内心地接纳自己犯错、允许自己犯错，并主动在错误中发掘成长的机会，才能真正支持孩子从错误中成长。

很多父母并不想对孩子发脾气但又时常控制不住自己，每次吼孩子之后都会陷入自我苛责。有的父母发现自己过去的养育方式已经对孩子造成了伤害，从而变得小心翼翼，很想靠近孩子，却又担心孩子抗拒自己，心中充满深深的无力感和自责。这些情绪缠绕在一起变成了恐惧，原本对孩子的爱却以控制的方式再次传递出去，造成了二次伤害。

事实上，几乎所有的父母都有过吼孩子的经历。其实，**重要的不是我们做了什么，而是我们在做了什么之后又做了什么。**

我们在认识到自己在养育中犯过的错后，可以坦诚地向孩子承认自己的错误。很多孩子，终生都在等待父母的一个道歉。只要父母愿意为自己的错误承担责任，就会发现，孩子对我们的爱比我们想象中更深。

培养孩子的成长型思维，要从我们自己做起。

👁 觉察日记

1. 你对自己小时候犯错的记忆是什么样的？当时你的父母是如何处理的？他们的处理方式对你现在看待错误的方式有什么影响？

2. 回想一下，你的孩子最近一次犯错是什么时候？当时发生了什么？你是如何处理的？如今回看，你有什么不同的看法吗？

社交：孩子被排挤了，怎样让他内心更强大

谈到孩子的社交，你可能会遇到以下问题。

孩子不合群，没什么好朋友；

因为转学、搬家等原因，孩子在学校交不到朋友，很孤单；

孩子总是被欺负，不知道如何反抗；

为了和其他同学一起玩，孩子委曲求全，甚至有讨好行为；

孩子情绪不稳定，在社交中表现出攻击性，并因此被拒绝；

……

孩子三岁左右进入幼儿园，正式迈出社交生活的第一步。这个时期的孩子们比较容易玩到一起，不会产生太大的冲突。

进入小学前后，孩子们开始分裂成一个个小群体；加入某个小群体，孩子才会有归属感。小群体之间会出现互相排挤的现象，这个阶段的孩子如果有好朋友，就可以彼此支持。

到了初中，这种"拉帮结派"的情况会特别明显：孩子要么在圈内，要么在圈外。青春期的孩子在同伴之间得到认同变得尤为重要。高中之后这种情况会得到缓解。

在孩子的社交生活中，父母真正能参与的并不多。我们无法代劳，孩子必须学会自力更生。所以，对于孩子的社交，父母可能会有强烈的无力感。

如同只有在水里才能学会游泳一样，孩子只有在社交冲突中才能学会社交技能。而社交技能是影响一个孩子是否受欢迎的重要因素。不少研究证明，**社会与情感能力**对人的认知能力、学业成绩以及未来的幸福与成功起到积极作用。

一方面，父母必须学会放手，孩子才能有机会练习；另一方面，父母是孩子温暖的港湾，孩子不管遇到什么挫折，都可以回到这个安全基地。

在孩子的社交冲突中，父母的站位很重要

在孩子的成长过程中，社交冲突不可避免。

社交问题有其独特的复杂性，因此父母如何处理和面对孩子的社交冲突尤为重要。主要有以下几个基本原则。

首先，父母要坚定地和孩子站在一起，成为孩子的容器。

重点在于，即使孩子是过错方，父母也要和孩子站在一起。父母往往会为了自己的面子而批评孩子，却忽略了孩子不是因为批评、指责，而是因为爱和信任才会改变的。我们要相信孩子可以从错误中吸取教训，并陪他一起承担责任，在错误中学习和成长。

和孩子站在一起，还要接纳孩子的特质，允许他以自己的节奏和这个世界相处。有的孩子敏感慢热，需要更长的时间适应新环境、认识新朋友。

所以，当孩子告诉你自己在学校没有存在感、感到孤单时，不要急于解决问题，而要陪伴孩子一起去体验这个过程。被允许和接纳的孩子，更容易生发出内在力量，从而自我突破。他只是需要更长的时间建立安全感而已。

其次，要克制自己的焦虑和担忧，把信任传递给孩子。

不要盯着问题不放，也不要纠结于问题的细节或仅仅试图还原真相，而要从更宽广的视角看待当下的冲突。

有时候，孩子之间的问题很快就过去了，父母还揪着不放，其实是孩子之间的冲突激活了父母自己的恐惧和焦虑情绪，甚至激活了父母自己小时候不愉快的社交经验，此时问题带来的痛苦不是孩子的，而是父母自己的。

父母自己的社交课题和孩子当下的社交情景缠绕在一起，只会让人更加无法应对。

当孩子遭遇社交冲突时，父母要及时给自己按下暂停键，停下来梳理自己当下的情绪，把自己的情绪和孩子的情绪分开，并为自己的情绪负责。这样，父母才能后退一步，把空间留给孩子，同时把信任传递给孩子；才能把自己的焦虑转化成有建设性的行动，帮助孩子调整行为，从冲突中恢复过来。

再次，不要试图消除孩子成长道路上的一切障碍，而要教会孩子利用一切冲突的机会练习如何解决问题。

身为父母，我们不希望孩子遭遇挫折；在挫折面前，我们也急于冲在前面解决问题，希望尽快"解救"孩子，使其免于遭受痛苦。

但我们要明白，很多挫折是不可避免的，我们不可能一直保护孩子，也不可能替他们解决一切问题。**过度代劳只会让孩子更加无力，而直面问题才能获得真正的成长。**

我们可以理解孩子在冲突中的感受，通过倾听和共情让孩子的情绪得以流淌。在孩子恢复理智和平静后，可以和孩子一起回顾和讨论，并进行角色演练。父母要后退一步，相信孩子用自己的智慧一定可以解决问题。

最后，不要忘记，要与对方孩子的父母和老师保持沟通，他们是孩子社交道路上的盟友而非敌人。

只要双方父母和老师目标一致，并保持良好的沟通，坚信这只是孩子成长道路上的一个小插曲，一切就都会过去，孩子就能在被信任和支持的环境中自己解决问题。

他们也会体验到，真实的友情就是这样跌宕起伏的：有时大家相安无事，有时会出现冲突和矛盾，有时需要各自后退一步解决问题。在这个过程中，孩子的社交技能得到锻炼和打磨，孩子将来就能更好地适应社会。

那么，如果孩子在学校发生了冲突，父母可以做些什么呢？

首先，保持客观和冷静，不要因为孩子被打了或者被欺负了就火冒三丈。

其次，了解情况，认真听孩子讲讲当时发生了什么。这里要提示的是，不要听孩子说什么就信什么。孩子的描述未必全面，而我们也确实无法百分之百地还原真相。

如果是发生在学校的冲突，可以寻求老师的支持。把孩子的描述向老师说明一下，请老师帮忙了解情况。老师毕竟在学校里，比较有经验，要相信老师会客观公正地处理，并把后续的处理结果告诉我们。

如果事情比较严重，老师也会找双方父母沟通。通过老师了解到的情况一般会相对全面一些，这时我们再去看看，该怎样和孩子沟通。

如果自己的孩子属于过错方，要趁此机会引导孩子学会承担责任。即使孩子不是出于主观原因做错事的，只要是其行为带来的后果，比如打伤了其他孩子，同样也需要承担责任。

如果自己的孩子属于受害方，同样要坚定地和孩子站在一起。尤其是针对多次发生的事件，可以向对方父母和老师表明支持孩子的态度，通过老师和对方父母对对方孩子进行行为限制，对对方孩子而言，这也是成长的机会。

孩子被欺负了，要打回去吗

很多父母都有这样的困惑——孩子被欺负了，要不要让孩子打回去？这个问题背后有一个假设："只有打回去了，才能避免下次被欺负。"但事实并非如此。

我们先来看一下，该如何定义"欺负"？

父母一听到孩子被"欺负"了，会立刻启动"警备状态"，生怕自己的孩子吃亏，或因为"被欺负"受到严重的心理影响。教孩子"打回去"，是希望孩子更有力量地应对类似场景。

但绝大多数被定义为"欺负"的行为，都是普通的社交冲突，是孩子之间因为某个具体事件而产生的肢体冲撞，力气较大或较为自信的一方表现出了较为强势的行为。一旦这个具体事件被解决了，"欺负"的行为就会终止。

比如孩子之间争抢玩具，一方把另一方推倒在地。被推倒的一方表现得更为弱势一些，通常会被认为是"被欺负"的人。但这里的"欺负"并非真正意义上的欺负。

还有一种"欺负"是真正意义上的欺负，比如校园霸凌，这种行为针对的不是具体事件，而是某个人，霸凌者频繁地通过各种借口伤害对方，通过给对方造成痛苦来体会自己"很强大"的感受。这种"强大"被称作"虚张声势的力量感"，其实正是霸凌者内心缺乏力量的表现。

虽然并不是所有社交冲突都会演变成"霸凌式的欺负"，但美国儿童心理学家、青少年霸凌问题专家乔尔·哈伯（Joel Haber）博士指出，容易遭受霸凌的孩子身上有以下共同特征：**在受到欺负时，他们会有过度慌张和愤怒的情绪反应，并且会因此做出在同龄人眼中"不够酷"的行为**。这些行为会激活霸凌者"虚张声势的力量感"，如果他们一直不懂得反抗，就很容易成为被持续欺负的对象。

从这个角度讲，父母的担心不无道理。此时，父母能用相应的思路和方法来引导和帮助孩子极为重要，当父母陷入无力感，强迫孩子打回去时，只会让孩子更加无力。必要时要寻求专业支持。

首先要区分普通的社交冲突和"霸凌式的欺负"，以放松的心态面对普通的社交冲突。要求孩子打回去，这还是在行为层面试图解决问题，但此时更重要的是关注孩子的感受。

在那个被"欺负"的当下，孩子之所以没有第一时间反击，是因为他被恐惧困住了，陷入了无力感的深渊。父母要看到孩子的无力感，陪伴孩子去体验这种无力感。

只有穿越这种无力感，孩子才能生发出内在力量。孩子在感受层面被看见和理解了，父母才能在行为层面和孩子一起探讨此类问题的解决方法。

对感受的同理心是处理孩子之间冲突的核心，这会影响孩子成年后的人际交往模式。如果只是逼着孩子打回去，父母往往会不小心站在孩子的对立面，成了另一类"霸凌者"。

当孩子霸凌他人时，要及时纠正和制止孩子的行为，清晰地告知孩子这种行为是错误的，引导孩子为自己的错误行为负责，并和孩子一起探索正确的行为方式。

更重要的是，要找出孩子行为背后的原因。一部分霸凌者是在模仿其成长环境中的暴力行为，还有一部分霸凌者很可能是其他霸凌行为的受害者，他们在受到伤害之后没有得到正确引导，于是会用同样的方式对待弱者。这些孩子的感受同样是需要被看见的。

父母怎样避免卷入孩子的社交课题

你可能会说，即使是普通的社交冲突，自己也很难做到平静处理。这其实和我们自己的社交课题息息相关。

处理社交问题的难点就在于，当下的场景激活了我们自己童年时期的社交经验，我们会无意识地把自己的感受投射到孩子身上，启用自己童年时期的处理方式。但这显然并不会真正帮到孩子。

父母对孩子社交方面的担心，和自己小时候的社交课题息息相关。

担心孩子不合群，可能是因为自己小时候一直很孤单；担心孩子被排挤，可能是因为自己小时候有被排挤的经历；担心孩子被欺负，可能是因为自己小时候体会过被欺负后的无力感；不喜欢孩子在社交冲突中妥协，可能是因为自己小时候总是习惯于讨好朋友；希望孩子有很多朋友，可能并不是孩子需要那么多朋友，而是你需要孩子有那么多朋友。

带着这些社交课题，我们很难客观地看待孩子的社交冲突。当孩子被拒绝时，你感受到的是自己被拒绝；当孩子不能融入集体时，你感受到的是自己被排挤；当孩子和好朋友吵了架时，你感受到的是自己很受伤。

事实上，**对孩子来说，普通的社交冲突给他带来的痛苦转瞬即逝。当他已经在用自己的方式向前看，尝试自己调节和适应社交生活时，你却停留在他描述中的痛苦中止步不前。**

孩子的痛苦其实并不比你的痛苦更强烈。你对孩子的经历过度共情，传递出的是不信任。你不相信孩子可以承受这些痛苦，反而加重了孩子的受害者心态，让他更加无法自如地交朋友、无法处理自己的社交冲突。

我儿子刚上一年级时遇到了很大的社交挑战。对孩子来说，搬家和升学都是生活中的巨大变化，这让适应性偏弱的儿子应接不暇。

在学校里，每个同学都有几个以前认识的小伙伴，只有他自己是新来的。回到小区里，看到别的孩子三五成群，而他完全无法融入。他每天放学都情绪低落，怀念以前的朋友，怀念以前熟悉的环境。

渐渐地，儿子开始和一群小朋友互相追赶着玩耍了，我以为他成功地加入了这个小团体，但后来才知道，他其实经常会遭到排挤。

有一天，我远远地看着儿子和其中一个男孩起了冲突，不知道出于什么原因，儿子突然大哭起来。我赶紧带他回了家，在安全的环境中，他可以更放松地表达自己。那一天，儿子好像把积压了很久的情绪一次性释放了出来，他哭了好久，**我就这么陪着他，看到了他的脆弱、他的无力、他的愤怒和委屈……**

后来，儿子告诉我，玩游戏时，他们的游戏规则永远都是个子最高的孩子第一轮不能玩，所以他总是在第一轮就出局了……原来，在我不知道的时候，他已经遭遇了小团体的排挤，但他还在用自己的方式努力地融入。儿子一边哭诉，一边说以后再也不要和他们一起玩了。**我告诉他："你有自己选择朋友的权利，我和爸爸完全尊重你。"**

后来，儿子很少下楼玩了，一放学就回家玩乐高、写作业，晚饭后我和爸爸会陪他一起打牌、到楼下散步。那时我想，他不需要有很多朋友，即使没有朋友也可以，爸爸妈妈永远是他的后盾，他没有朋友也可以活得很好。

就这样持续了几个月，转年的三月份，儿子有一个月都在家里上网课。我由于工作白天无法陪伴儿子，他上午上网课，下午就自己到小区里玩耍。突然有一天，儿子的电话手表频繁响起提示音，都是约他下楼玩的朋友。原来，不知道从什么时候开始，儿子已经用自己的方式交到了很多朋友。

看到儿子每天开开心心地独立下楼玩耍，我知道他已经解决了之前的社交难题，在这个新的小区靠自己的社交技能交到了朋友，也找到了自己的位置。虽然这个过程并不算短——他用了八个月的时间。我请他分享自己交朋友的经验，他总结了以下三条。

第一条：主动问，"我可以和你一起玩吗？"

我问他，要是被拒绝了怎么办？他说，那就换一个人问呗！

第二条：多观察，看看对方在玩什么，找到机会自然而然地加入。

第三条：靠吸引，可以带些别人喜欢的玩具，吸引别人主动来找自己一起玩。

我不禁感叹孩子的智慧。**当他有一个被接纳的空间，可以按照自己的节奏去探索这个世界时，他真的有足够多的力量和资源去自由生长。**

那么，在此期间，我做对了什么呢？

最重要的是发自内心地接纳他，这份接纳传递的是信任。我接纳儿子需要更长的时间适应新环境，接纳他交不到朋友，接纳他怀念以前的朋友，接纳他因为冲突而大哭，接纳他不想和排挤他的小朋友一起玩。

这份接纳背后，其实是我对自己的接纳。我比较喜欢独处，并没有很多朋友，但是我一样活得很好，所以我坚信儿子即使没有很多朋友也可以活得很好。

父母的接纳给了孩子探索的勇气和底气，所以他不害怕被拒绝，因为他相信，即使自己被全世界拒绝了，爸爸妈妈也一直都在。

当孩子感受到被接纳、被允许时，他的优势和资源就有了发挥的空间。一个内向敏感的孩子，有着非常强的观察力。当我们在小区散步时，儿子在适应环境的同时，也在观察其他孩子，这给了他足够的时间建立安全感，靠自己的智慧主动交朋友。

◉ 觉察日记

　　1.你的孩子有没有过被欺负的经历？你当时是怎样处理的？

　　2.回想一下，你小时候遇到过哪些社交难题？这些经历对于你处理和面对孩子的社交冲突有什么影响吗？

学习：父母怎么做，孩子才能主动学习

如果你的孩子在学龄期，你可能会处于以下状态。

不写作业母慈子孝，一写作业鸡飞狗跳；

看到孩子闲下来，就忍不住问他作业写完了没；

嘴上说不在乎考试，却急于知道孩子的考试成绩；

除了学习，和孩子简直无话可谈！

随着年龄的增长，孩子把大部分时间都放在了学习上，和父母交流的空间持续被压缩。即使父母觉察到了这个状态，也像陷入恶性循环般无法打破，于是亲子之间很容易渐行渐远。

为什么会出现这种状况呢？我总结了两个原因。

一个是父母的失控感。 随着孩子长大，其对独立性和自主性的需求越来越高，对父母的需求反而越来越低，父母感觉越来越"抓不住"孩子了。

父母不知道孩子交了什么朋友、不知道孩子在学校表现如何，孩子有了自己的秘密，不再和父母说悄悄话了。此时对父母来说，唯一看得见摸得着的，便是孩子的作业和成绩。于是，作业和考试成了亲子争夺掌控权的"主战场"。

另一个是父母的焦虑感。绝大多数父母已经逐渐停止了学习和成长，他们可能会对自己是否能够适应未来的社会产生巨大的压力，这些压力又被转化为对孩子的期待。结果就是孩子承担了双份的压力，学习不再是为了他们自己，而是为了满足父母的期待。

有一句话叫作"学习是为了让我妈高兴"。父母都希望孩子好，却不知道该怎么做。最常见的做法就是父母从自己的想法和需求出发，为孩子规划本属于他们的人生，却忽略了孩子的心理需求，最终只会让孩子痛恨学习。

不要让作业和考试，替代了学习本身

在这一部分，我会为你揭示关于孩子学习的真相。

教育是面向未来的，但绝大多数父母的做法，只针对孩子当前的作业和成绩。从长远来看，反而扼杀了孩子自主学习的兴趣和意愿。

让我们先来搞清楚作业、考试和学习的关系。作业是针对所学知识进行重复记忆和刻意练习的一项活动；考试是阶段性地检测学习效果并查漏补缺的活动；而学习是一个更加宏大的概念，它是可以终身进行的活动。

教育的本质是通过激发孩子的学习兴趣，培养孩子良好的学习习惯和终身学习的能力，进而使其形成独特的知识结构和思维框架。

在作业和考试面前，孩子学习的意义看起来仅仅是为了取得一个好成绩，但好成绩并不是学习的全部意义。在许多父母眼中，考试成绩成了孩子唯一的评判标准，好像在成绩面前，其他东西都不重要。

但好成绩一定会让孩子有个好未来吗？孩子在未来取得多大成就，和他眼前的这份成绩单又有多大的关系呢？

好成绩仅仅代表着孩子对考卷上的知识的掌握程度。人生充满了变数，孩子最终取得的成就并不一定和当初在校的学习成绩正相关。如果把取得好成绩作为唯一的目标，孩子会因此失去学习的主动性，并产生对于学习的无意义感。一旦进入这种状态，孩子将沦为"学习机器"，失去很多人生乐趣。

可如今，许多父母只顾低头指出孩子当前的错误、数落孩子的学习成绩，却忘记抬头看看方向是不是错了。从这个角度讲，父母的很多做法，反而成了孩子讨厌学习的助推器。

希望越来越多的父母能够尽早觉醒，不要等到孩子长大成人，才发现自己做得越多，错得越多。

说到底，孩子的人生是他自己的，学习也是孩子自己的事。**父母需要厘清自己在孩子学习这件事情上的角色定位，尽早把学**

习的责任交还给孩子。孩子有了责任感，也就有了对学习的主动权。

那么，怎样才能让孩子主动学习呢？

简单来讲，当孩子对学习有自主权，有好的感受和有效的学习方法时，孩子就可以做到主动学习，为自己的学习负责。

相应地，父母的角色就是逐步把学习的自主权还给孩子，提供有效的学习方法，帮助孩子建立对学习的积极感受。所以，**父母需要觉醒，不但需要停止使用错误的方法，而且需要通过自己的学习和成长为孩子提供其真正需要的支持。**

一方面，要调整自己的反馈方式。我们常常习惯性地指出孩子的错误和孩子与别人之间的差距，觉得这样是为了孩子好。殊不知，这样做只会让孩子感觉自己很糟糕，认为自己永远达不到父母的期待，进而对学习产生负面感受。

正确的做法是，反馈孩子的进步和成长、看到孩子努力的过程，让孩子通过自己的体验，相信自己可以做到，提高对学习的胜任感。

这句话说起来容易，做起来却很难，因为我们自己小时候往往是被挑剔着长大的，所以我们也会习惯性地挑剔我们的孩子。给出积极反馈需要经年累月的刻意练习。我们可以从每天给孩子一个积极反馈做起。

另一方面，要了解关于学习的正确认知和有效的学习方法。

比如：如何帮助孩子制定学习目标，培养孩子的目标感；如何通过有效提问，加深对知识的理解层次；如何改正错题，才能改变错误的思维方式；如何有效遵循大脑的工作原理，提高记忆效率；如何建立行之有效的记忆策略，有效提高孩子的学习效果；等等。这些在我写的另一本书《自驱型孩子》中有详细介绍，这里就不再赘述。

比成绩更重要的，是孩子的心理弹性

近些年，孩子因压力而自杀的事件频出。作为父母，我们不禁感慨：这一代的孩子怎么了？他们为什么会那么脆弱？

其实，我们的孩子所面临的压力，比我们想象中更多、更复杂。

有些压力是我们看得到的，比如学习压力、升学压力等；还有一些压力是伴随着孩子的成长容易被忽略的，比如孩子对自己的生活没有任何掌控感，遭遇社交冲突、成长困惑，发生的意外或新状况超出了自己的认知和掌控范围，青春期孩子独立与依赖的内在冲突等，这些都是孩子成长过程中的慢性压力。

如果这些压力持续存在，孩子的大脑和身体得不到喘息和休息，压力就容易转化成焦虑和抑郁，让孩子的大脑持续处于警备状态。一旦感知到压力的存在，孩子就会出现过度的压力反应。

其实，**比学习成绩更重要的，是孩子对压力的耐受性。**

如果孩子有足够强的心理弹性，就可以觉察到压力的存在，并进行自我调节，找到和压力相处的模式。在刚刚好的压力状态下，大脑得以良好运转，孩子才能有更好的表现。

父母的角色，是承担孩子压力的外部调节器，父母也要逐步教会孩子自我调节。

父母是孩子安全感的来源，要理解和接纳孩子的压力。孩子在心理上觉得有安全感和被接纳，才会有更多的内在力量去面对压力。很多孩子对父母报喜不报忧，其实就是因为其内心深处不相信父母可以接纳自己"表现不好"。

把学习和生活的主导权还给孩子。孩子长大的过程，就是父母不断"失控"的过程。父母要学会和自己的失控感好好相处，通过学习和自我成长，掌控自己的人生，为自己的人生负责，而非把希望寄托在孩子身上。

用放松的心态看待孩子的学习成绩。有时，父母的态度就是孩子的压力来源之一，孩子为了满足父母的期待，承担着双份的压力。希望读了这本书的父母，可以尽早觉醒，不要成为孩子成长道路上的"黑暗力量"。

通过亲子游戏和运动帮助孩子缓解压力。身体动起来，可以让大脑分泌催产素、多巴胺等物质，这些物质被称为大脑的"快乐果汁"，可以提高孩子对快乐的感知能力，从而提高对压力的耐受度。

此外，游戏和运动还可以让大脑分泌脑源性神经营养因子，它是大脑的润滑剂，能大大提高信息传递速度，提高学习效率。**会玩的孩子才会学，大脑越玩越灵光**。在孩子的时间表里，一定不要缺少游戏和运动。

通过正念冥想练习回归身体，回归当下。我们可以和孩子一起练习，通过调节呼吸来调整自己的压力状态。神经学家研究发现，哪怕是刚学会冥想的人，其大脑中负责控制注意力、排除干扰、控制冲动的区域之间也会增加许多类神经元。也就是说，通过持续的冥想练习，我们可以进行有意识的呼吸调整，重塑自己的大脑。

儿子一岁半时，我成了一名父母游戏力讲师，每天都会安排时间陪他玩亲子游戏。儿子最喜欢的游戏是"枕头大战"。

儿子上一年级时，有一次，在写作业之前，他抱起枕头来找我说："妈妈，我们来打一架吧！"一年级的儿子已经觉察到了自己的压力，并开始主动用打闹游戏的方式帮助自己调节压力了。

对压力的耐受性和自我调节能力，是在刻意练习后可以得到提升的能力。父母正是提高孩子心理弹性的脚手架。

安排满满的时间表，正在剥夺孩子的未来

除了提高孩子对压力的耐受性，还有一个直接的方法，就是为孩子减压。

翻一翻孩子的时间表就可以发现，他们每天都在被父母催促着做各种"重要的事"。

周一上羽毛球课，周二上英语课，周三上奥数课……每天除了完成学校的作业、课后补习班的作业，孩子还要练字、读书、背单词……

父母坚信做这些对孩子的未来有帮助，可以让他们起点更高、少走弯路，却忽略了孩子每天可能已经在如行尸走肉般机械地听从父母的安排，为了争取一个"更好"的未来，早已失去了当下的快乐。

而且，父母所期待的这个"未来"，是确定的吗？

在父母的控制和安排下，孩子看起来在上课、在写作业，但他们真的在学习吗？**也许他们只是在做"上课、写作业"这些事情，但真正的学习并没有发生。**孩子只是在被动地完成父母安排的任务而已。

这些任务让孩子长期处于紧绷状态，没有一点喘息的时间和空间，逐渐失去了心理弹性。

我们来看一下孩子在学习上付出的努力与学习成绩的关系。

根据边际效用递减规律，在其他条件不变的情况下，如果一种投入要素连续增加，在增加到一定的值后，它所提供的收益值增量就会下降。

这条规律同样适用于孩子的学习。**当孩子在学习上的时间投入达到一定程度后，继续投入所能带来的成绩提高是有限的。**此时，只靠继续投入时间并不能带来更好的学习效果，甚至可能会产生反作用。

所以，当边际收益（成绩提高）逐步减少时，我们需要权衡边际成本（投入的时间、精力）和边际收益，以做出更优的选择。如果边际成本大大超过了边际收益，就应该考虑其他选择，即让孩子把这部分时间和精力投入学习以外的事情。

父母总以为让孩子不停地学习才是重要的事，但其实，让孩子有时间和空间做学习以外的事，才是帮助孩子做心理按摩、提高其心理弹性的事。

除了学习，生活中还有很多真正重要的事。孩子需要运动，需要社交，需要发展自己的兴趣爱好，需要"什么也不做"的时间。**许多科学家研究发现，大脑中有一个复杂而高度整合的"默认模式网络"，这是一个用于自我反思和考虑他人想法的系统。当我们"什么也不做"时，这部分的大脑区域是活跃的，我们会开始展望未来、梳理过去、反思当下。**

而如果我们的孩子已经在被紧凑的时间表裹挟着前行，就没有这样的"反思空间"，不知道自己学习的意义，失去了学习的主动性，甚至不知道自己活着是为了什么。**允许孩子做点"无意义"的事情，才能为他做有意义的事情积蓄能量。**

每个孩子的兴趣点和特长不同，有的孩子擅长学习，有的孩子擅长运动，有的孩子擅长美术，有的孩子擅长音乐……有时，允许孩子发个呆、绕个圈、走点弯路，也许可以看到更多的可能性。

哈佛大学教授霍华德·加德纳（Howard Gardner）认为，人类学习和表现的能力至少可以分为七种类型[①]：语言、逻辑−数学、空间、音乐、肢体−动觉、人际、内省。每个人都是在某些领域天生比较薄弱，而在其他某些领域又很有天赋的。

对不同的孩子来说，他们未来的"成功"并不是千篇一律的。父母允许孩子有更多的空间去尝试和探索更多可能性，孩子才有机会发掘自己的长处和潜能。

---

① 即"多元智慧"（multiple intelligence）理论，该理论也被称为多元智能理论。——编者注

◉ 觉察日记

1. 在生活中，有什么事情会让你觉得有压力？你通常是怎样面对这些压力的？现在看来，这些压力对你的生活造成了怎样的影响？

2. 读完这一节，你如何看待孩子的压力？你可以做些什么来增加孩子的心理弹性，提高其对压力的耐受性？

参考文献

[1] 纪伯伦. 先知 [M]. 蔡伟良, 译. 北京: 中信出版社, 2021.

[2] 哈特, 霍德森. 非暴力沟通亲子篇 [M]. 李红燕, 译. 北京: 华夏出版社, 2015.

[3] 马卡姆. 父母平和 孩子快乐 [M]. 刘海青, 译. 上海: 上海社会科学院出版社, 2014.

[4] 科恩. 游戏力: 随时随地激活孩子天性中的合作与勇气 [M]. 李岩, 译. 北京: 军事谊文出版社, 2011.

[5] 西格尔, 布赖森. 全脑教养法 [M]. 邢子凯, 译. 杭州: 浙江人民出版社, 2023.

[6] 欧文. 像哲学家一样生活: 斯多葛哲学的生活艺术 [M]. 胡晓阳, 芮欣, 译. 上海: 上海社会科学院出版社, 2018.

[7] 亚隆. 妈妈及生命的意义 [M]. 庄安祺, 译. 北京: 机械工业出版社, 2017.

[8] 斯蒂克斯鲁德, 约翰逊. 自驱型成长: 如何科学有效地培养孩子的自律 [M]. 叶壮, 译. 北京: 机械工业出版社, 2020.

[9] 科恩. 游戏力养育 [M]. 刘芳, 李凡, 译. 北京: 北京联合出版公司, 2020.

[10] 萨提亚. 新家庭如何塑造人 (第二版) [M]. 易春丽, 叶冬梅, 译.

北京：世界图书出版公司，2018．

[11] 雷．高级游戏治疗 [M]．雷秀雅，李璐，译．重庆：重庆大学出版社，2017．

[12] 康．屏幕时代，重塑孩子的自控力 [M]．张晶，译．上海：上海社会科学院出版社，2023．

[13] 王潇．五种时间 [M]．北京：中信出版集团，2020．

[14] 黄仕明．停在你的内在战争 [M]．北京：民主与建设出版社，2022．

[15] 武志红．为何家会伤人 [M]．北京：北京联合出版公司，2014．

[16] 杨滢．让孩子受益一生的大脑开发课：用脑科学培养你家的小学霸 [M]．海口：海南出版社，2021．

[17] 刘继荣．坐在路边鼓掌的人 [M]．北京：中信出版集团，2015．